明治という奇跡

栄光の時代を訪ねて

皿木喜久《さらき よしひさ》

展転社

はじめに

「降る雪や明治は遠くなりにけり」

言うまでもなく俳人、中村草田男の句である。昭和六年（一九三一）一月の東大俳句会に出句、高浜虚子によって採択され同年三月号の「ホトトギス」に掲載された。

その少し前のある日、大学生だった草田男は、子供のころ何年か通った東京・南青山の青南《せいなん》小学校を訪ねた。折から降りしきる雪の中、放課後の無人の教室をカーテン越しに見ていると突然、明治というあのなつかしい時代は永久に過ぎ去ったという感銘を覚え、詠んだのだという。

だがその後、この句は「降る雪や」という季語の部分を置き去りにした形で「明治は遠くなりにけり」が慣用句のように一人歩きを始める。いわば意味もなく、時の流れの早さを語るために使われてきたのである。

このことに誰よりも強く反発したのが、ほかならぬ草田男自身だった。句の成立から三十六年余りたった昭和四十二年（一九六七）五月、明治神宮の社報『代々木』に「『明治は遠く…』の句に就いて」という巻頭随想を寄せている（新人物往来社「別冊歴史研究〈神社シリーズ〉明治神宮」〈平成四年〉に再録）。

明治三十四年（一九〇一）生まれの草田男は、この句の成立について触れた後、こう述べている。

「私はその青南小学校において……貴重な消えることのない根本精神を教え込まれ植えつけられたのである。それは『恥を知れ』という一精神であった。それは、直ちに以て『明治の精神』と唱えることができるであろう」

「短時日ではあったが、私はハッキリと明治時代を生活したのである。何よりも私は、根深く明治時代の教育の恩沢に浴し、よって以て『明治の精神』を植えつけられたる者であることを自覚する」

つまり遠くなったと感じたのは、明治という時代の「精神」だった。自ら「明治人」としての誇りがこの句に込められていたのである。さらに草田男は「日本人が真に頼もしかったのは明治三十七、八年頃まででであったという声も聞かれる」とした後、次のように結ぶ。

「本質的な意味においては、ゆめゆめ『明治は遠くなりにけり』であっては、相ならないものなのである」

この句が詠まれたのは、明治天皇の崩御により明治という時代が終焉を告げてから二十年近くたった頃だった。現在まででは、百年余りという歳月が流れてしまっている。

中村草田男による句に対する一文が書かれた後、司馬遼太郎の『坂の上の雲』により明治、とりわけ日清・日露期の日本については見直される機運も生まれたものの、大多数の日本人にとって「明治」はますます遠く感じられてきた。あまつさえ近年では明治維新を「過ち」とし、明治という時代をことさらに貶《おと》しめるような風潮さえあらわれている。

だがあの帝国主義全盛の時代に、全く新しい国につくりかえることにより西欧列強の侵略から免れることができたのは、「奇跡」ともいえる快挙であったことは間違いない。それを実現したのは中村草田男が誇りとする「明治の精神」であり、また明治人たちの「気概」だった。

たとえば数百年も続いた封建制度を一滴の血も流さず廃止、中央集権国家に変えたのは、武士たちの類希な自己犠牲の精神があったからだ。迫りくる西洋化の嵐の中で、明治憲法や教育勅語に日本の伝統的な「心」を守り込むことができたのは、明治天皇のご英断や日本の古典に深く通じた井上毅らの存在があったからだ。

明治の最大の「奇跡」といえる日露戦争での勝利も、失敗すればいつでも「腹を切る」という胆力に満ちた軍人や政治家の一人でも欠けていたらありえなかった。

むろん新しい国を守ろうという国民の団結心も「奇跡」を呼んだ。いずれも「恥を知れ」という明治の精神のあらわれだった。

そうした事実の前には、明治維新を矮小化しようという一部の試みも色あせてしまうだろう。

来年の平成二十九年（二〇一七）はその明治維新の起点ともいえる「王政復古の大号令」から百五十年となる。それを前に今、「明治の精神」をよみがえらすために、もともと明治天皇のお誕生日であり、かつて「明治節」となっていた十一月三日の文化の日を「明治の日」としようという運動が広げられている。

個人主義や物質文明ばかりが猖獗《しょうけつ》を極める日本の精神状況のなかで極めて意義あることである。そのためにも、ひとつひとつの明治の国づくりの中に込められた「明治の精神」を追い求めてみたい。

平成二十八年五月

産経新聞客員論説委員　皿木喜久

目次

明治という奇跡——栄光の時代を訪ねて

主な参考文献　181

カバーデザイン　妹尾善史（ランドフィッシュ）
カバー写真提供　聖徳記念絵画館「憲法発布式（和田英作画）」

①「神武創業の始めにもとづく」王政復古

慶応三年（一八六七）十二月九日、即位なされて間もない明治天皇は京都御所内の御学問所で諸臣を引見、「王政復古の大号令」を発せられた。実際の布告は何日か後だったという説もあるが、この大号令を境に幕末・明治の歴史が大きく転回していったことは間違いない。

「大号令」は摂政、関白などという朝廷政治の体制、組織はもとより、将軍職など幕府政治のシステムもすべて「廃絶」し、全く新しい政治を行うようにとの御沙汰だった。この後、「廃絶」された幕府を支持する勢力と、薩摩、長州藩など「王政復古」派は鳥羽・伏見の戦いから戊辰戦争という「内戦」を経て、「明治」という時代に突入するのだから、文字通りの「御一新」「維新」がスタートした一瞬だった。

これより二カ月近く前の十月十四日、第十五代将軍、徳川慶喜は朝廷に対し「大政奉還」を願い出て受理される。薩摩、長州両藩を中心とする倒幕運動の高まりの中で、政権をひとまず朝廷に返すというものだった。

だがそこには、当時の朝廷に国内政局を乗り切ったり、迫りくる西欧列強に対抗したりできる人材がいないことを見越した意図が見てとれた。倒幕勢力の攻勢をかわしながら実際は徳川家が諸大名の会議の「議長」として、権力を維持していこうというのだ。実際、朝廷は「大政奉還」受理後も、諸大名による公論決定までは、慶喜が政治をつかさどるよう命じている。さらに、この時点では「将軍職」をどうするかについては触れていない。

このため、急進倒幕派である薩摩藩の西郷隆盛、大久保利通、長州藩の木戸孝允、それに改革派公家の岩倉具視らは「力」による政変を企図する。まず十二月八日、薩摩、土佐など五藩の藩兵たちが御所の九門を固める中、朝議により長州藩の処分を撤回、さらに岩倉ら一部の急進公家らの蟄居を解除した。翌九日、赦免されたばかりの岩倉が若き天皇の前に進み、用意していた勅諭案などを呈し、王政復古の断行を上奏、ついにその大号令となった。つづいて、この「大号令」で発足した新政府は、朝廷から慶喜の官位と領地の返上（辞官納地）を命じさせることを決めた。

こうしたことから、この「王政復古の大号令」とこれに基づく明治維新に対し現在でも、「陰謀による武力クーデター」とか「幕府勢力と新興武家プラス公家勢力との権力闘争」とあえて矮小化する見方も根強い。

むろんクーデター的性格や権力争いの面を完全否定はできない。だが、少なくともそれを担った者たちの意図がもっと高いところにあったことは、その「王政復古の大号令」を一読してもわかる。岩倉の腹心だった国学者、玉松操が原文を書いたとされる大号令は、前述のように「摂関・幕府等を廃絶」し「総裁・議定・参与の三職」を置き「万機の政《まつりごと》」を行わせると今後の方針を示したあと、こう続ける。「諸事神武創業の始めに原《もと》つき」高官、武人、身分の上下の別なく公議に力を尽くすよう求めている。「神武創業」とは言うまでもなく、初代神武天皇の建国の偉業である。その建国の理念にもとづき新しい国づくりを始めようというのである。

実は岩倉らが「王政復古」を果たすにあたって、その理想としようとしたのは初め「建武の中興」だったという。第九十六代後醍醐天皇が鎌倉幕府を倒し、一時的にせよ天皇親政を実現させた史実である。当時の人々にとって、後醍醐天皇を助けた楠木正成、新田義貞らの存在も合わせ、神武天皇の建国よりも「なじみ」があったのだ。さらには七世紀、天智天皇らが蘇我氏を滅ぼした「大化の改新」も候補に挙がった。だが玉松が「王政復古はつとめて度量を広くし、規模を大にすべきだ」と主張「神武創業」としたのだという。

七百年近く続いた武家政治から公家政治に戻す、そのクーデターだというのなら「建武の中興」を理想とするのでいい。だが、今度の変革はそんな小さなものではない。武家でも公家でもなく全く新しい政治を始めるのだという、その理念を示していた。

明治新政府は後に、『日本書紀』で神武天皇が即位する「辛酉年《かのととり》の春正月の庚辰《かのえたつ》の朔《ついたち》」が西暦の紀元前六六〇年二月十一日にあたるとして、この日を「紀元節」と定めた。だがそれだけではない。この「王政復古」の理念はその後の歴史に絶大な意味をもたらすことになる。たとえば、この「王政復古の大号令」が発せられ、「辞官納地」を命じられた慶喜は激昂する幕臣たちを尻目に、京都の二条城から大阪城に移り「恭順」の意を示す。翌慶応四年一月、鳥羽・伏見から大阪に戦場が移ろうとしたときにも、船で江戸に向け「逃走」、これが戦力的には優勢だった幕府軍の士気を失わせ、薩摩など反幕府軍―官軍の勝利を決定づけた。

「もともと朝廷重視の水戸藩系の慶喜の限界」との指摘もある。だが大塚桂氏によれば、慶喜は幕府の「中興」よりも新たな「創業」が必要との立場を旧福井藩主、松平春嶽に語っていたという。倒幕側が先に「創業」論を打ち出したため、これに従うしかなかったとの見方もできる。さらに三年半後の明治四年（一八七一）、新政府が廃藩置県を断行したさいも、藩やそれまでの封建制度の存続にこだわり、抵抗姿勢を示す守旧派に対し「神武天皇の時代には藩も封建制もなかったではないか」と説得する理論的支柱ともなったのだ。

②対決を防ぐための五箇條の御誓文

大東亜戦争の敗戦から四カ月半、昭和二十一年（一九四六）の年頭にあたり、昭和天皇は国民に向け詔書を発せられた。

冒頭、明治天皇の「五箇條の御誓文」を読み上げ、御誓文同様に「旧来の陋習」を去り、平和主義に徹し、教養豊かな文化を築くことで「新日本」の建設を呼び掛けられた。「新日本建設の詔書」とも呼ばれる。

詔書はこの後、天皇と国民との紐帯《ちゅうたい》は「天皇を以て現御神《あきつみかみ》」とする「架空なる観念」にもとづくものではないともされた。このため詔書はマスコミによって「人間宣言」と名づけられ定着していった。

しかし、それから三十年余りが経った昭和五十二年八月、記者会見に臨まれた昭和天皇は質問に答え「（詔書の一番の目的は）『五箇條の御誓文』を示すことで（神格否定は）二の問題だった」と明言された。「敗戦と占領という事態を前に……明治国家の持続を確認するということが、昭和天皇の意図だったのである」（坂本多加雄氏「日本国憲法と五箇條の御誓文」）。つまり昭和天皇にとっても戦前の日本人にとっても、かの「御誓文」こそが明治国家の柱そのものであり、日本の誇りであると考えられていたわけである。
「五箇條の御誓文」は王政復古大号令から約四カ月後の慶応四年（一八六八）三月十四日、明治天皇が公家、諸侯とともに神々に誓うという形で発せられた。

一、広く会議を興し、万機公論に決すべし
二、上下心を一にして、盛に経綸を行うべし
三、官武一途庶民に至るまで各其志を遂げ、人心をして倦まざらしめん事を要す
四、旧来の陋習を破り、天地の公道に基くべし
五、知識を世界に求め、大に皇基を振起すべし

（原文はカタカナ、歴史的カナづかい）

確かに百五十年前のものであるにもかかわらず、日本人がずっと誇りとしていい高邁な国づくりの方針である。この五箇条は旧福井藩士、由利公正の「議事之体大意」を下敷きに、旧土佐藩士で参与として政府に参加していた福岡孝弟が筆を加え、最終的には木戸孝允が完成させたと言われる。

坂本氏によれば、幕府崩壊と王政復古の事態を受け、今後の政治決定を諸侯、つまり有力な藩の大名らの協議による「公論」で行うのか、それとも天皇の「勅命」によるのかが、新政府の課題となり、その調和をはかったのが「御誓文」だったという。

有力列藩出身の由利や福岡の原文や修正案には、たとえば「列侯会議を興し万機公論に…」とするなど、藩主たちの「公論」による決定を強く打ち出した。これに対し、岩倉具視、中山忠能ら公家グループは「大政維新は天子が日本政治の中心となり万機を親裁あらせらるる政治であらねばならない」と「勅命」政治を主張して反発した。天子、つまり天皇と諸侯を同列に並べるようなあり方は「邪道」だというわけである。

間に立った形の総裁局顧問の木戸が、「万機公論に決すべし」の文言を残すことで、後の憲政や「民主主義」への道を残す一方、福岡修正案の「列侯会議を興し」を「広く会議を興し」と再修正したといわれ、これによって、「列藩連合」という考えは大きく後退した。

木戸としては、当時激しく戦われていた戊辰戦争で活躍した各藩の兵たちに藩主が「ほうび」として土地などを与えれば、封建制がそのまま維持され、王政復古という新政治はたちまち瓦解してしまう。このさい列侯の力を徹底的に削除しようと考えたのだ。それはこれに続く版籍奉還や廃藩置県など、木戸ら新政府が推し進めた方針の一環だったのだ。

一方、御誓文の発し方についても、福岡ら列侯会議派が、天皇と列侯とが一堂に会堂し互いに「誓約」をかわすという方式を考えたのに対し、木戸は公家グループの反発に配慮して、「大化の改新」にならって、天皇が大名や役人らを率いて、祖先の神前に誓うという形を提案、その同意を得たのだ。列席した約五百人の諸侯、公家らも宣誓、署名するに至り、新しい政治は正式にスタートを切った。

こうして成立した「五箇條の御誓文」は高邁な理想を書くことで、近代国家日本の誕生を促すとともに、「王政復古の大号令」の「神武創業の始め」とともに、倒幕に貢献した諸侯――大名勢力と、公家勢力とのきわどい対決や維新政治の崩壊を未然に防ぐことができたと言える。

③天皇の権威背負った国づくり

新政府による「改元」で時代が「慶応」から明治に変わったのは慶応四年(一八六八)九月八日のことだった。その十二日後の明治元年九月二十日、明治天皇は京都御所を出発、江戸に向かわれた。満十五歳の若き天皇を乗せた鳳輦《ほうれん》の周りは、警護の兵をはじめ二千三百人のお供がつき従った。

江戸時代の歴代天皇は生涯、御所から出ないのが慣例だった。明治天皇の先帝、孝明天皇が文久三年(一八六三)、下賀茂社(下鴨神社)と上賀茂社(上賀茂神社)に攘夷祈願の行幸を行ったのが、寛永三年(一六二六)の後水尾天皇による二条城行幸以来だった(宮田昌明氏「明治天皇の御事跡と近代日本」=『国体文化』所収)。

それだけに、一般庶民がその姿を目の当たりにすることはまずなかった。その天皇が御所ばかりか京都を出て、はるばると東国の江戸を目指される。沿道で出迎える人々は、神秘のベールに包まれていた天皇が今、目の前を通ることに、言い知れぬ感動を覚え、道にひれ伏したという。

この時点では、東北を中心に官軍と旧幕府軍の戦い——戊辰戦争はまだ終わっていなかった。そうした中、天皇が陸路、江戸に向かわれることには、多少の危険も予想された。それでも新政府があえて行幸という道を選んだのは、自らが「官軍」であり「正義」があることを東国の人々にも示すことで、戦いに決着をつけようとの狙いがあったことは間違いない。

だがそれだけでなかった。天皇と民衆との間の距離を縮めることで、人々に新しい「国民」としての意識を植え付け、戦後の国づくりをスムーズに進めようとの意図もあった。つまり天皇の「権威」を背負い、新国家の建設にあたろうとしたのである。

天皇は熱烈な歓迎を受けながら十月十三日、この年の三月に「無血開城」となった江戸幕府の将軍の居城、江戸城に入城する。政府は「江戸城を皇居とし、東京城と改める」と宣言した。天皇はこの後、いったん京都に戻るが、翌明治二年（一八六九）三月、皇后を伴って再び東京に移られる。新政府も東京に移り、事実上の「遷都」が完了した。

維新政府は、若き明治天皇に対し強い君主であることを求めた。天皇はペリーの黒船来航の一年前の嘉永五年（一八五二）、孝明天皇の第二皇子として誕生された。世はすでに激動の時代に入っていたが、幼少時を母方の祖父、権大納言、中山忠能のもとで過ごすなど、直接政治の荒波にもまれたわけではなかった。天皇を中心とした「新しい国」づくりを目指すとした以上、強力なリーダーシップが求められたからだ。

特に事実上の「教育係」だった西郷隆盛は、それまで公家や女官らに取り囲まれて暮らすのが通例だった天皇を「解放」し、周囲に武官を置き、学問や武術や乗馬などを学ばれるように勧めた。

そのうえで明治五年(一八七二)には、大阪、兵庫から鹿児島まで西日本中心の全国巡幸に出かけられる。巡幸には西郷が付き添い、軍艦を使ったほか徒歩や馬で回られ、各地の天皇陵や神社、軍の演習場、学問所、紡績工場などを積極的に視察された。

さらに明治九年(一八七六)には東北から北海道までを巡幸、往きは陸路だったが、帰りは函館から横浜まで「明治丸」に乗船された。このとき海が荒れて、お付きの重臣たちが船酔いで苦しむ中、端然と椅子に座ったままで姿勢も崩されなかった。

このたくましいエピソードは国民に深い感銘を与え、「明治丸」が横浜に到着した七月二十日が後に「海の日」として海洋国家、日本の祝日になるなど、しだいに新生日本の若き君主として、国民をひきつけられるようになっていく。

さらに江戸時代の歴代天皇にならって、はじめはあまり関心を示されなかったという政治面でも、日本が憲法を制定し立憲君主制の道を歩み始める頃になると、伊藤博文首相の求めに応じ、憲法制定論議に加わり、自ら立憲君主のあり方を学ばれたという。

時代は移り明治四十五年（一九一二）七月、明治天皇が崩御されると、明治の時代を生きた人々、とりわけ文化人や知識人たちは一様に激しい衝撃を受けた。たとえば明治元年の前年、慶応三年（一八六七）生まれの作家、夏目漱石は二年後の大正三年に書いた「心」の中で、「先生」に次のように語らせている。

「夏の暑い盛りに明治天皇が崩御になりました。その時私は明治の精神が天皇に始まって天皇に終わったような気がします」

明治の人々にとって、明治という時代の始まりもその国づくりも、明治天皇の御人格や権威なしには考えられなかったのである。

④将軍の「恭順」も戊辰戦争へ

慶応三年（一八六七）十二月九日の王政復古の大号令と、これに続く将軍、徳川慶喜への辞官納地の命令はただちに、当時同じ京都の二条城にいた慶喜に伝えられた。二条城およびその周辺には徳川家旗本や親藩の会津、桑名両藩兵ら九千余りの兵がいたが、当然のことながら薩摩藩を中心とした倒幕派の権力奪還に怒りを募らせ、京は文字通り一触即発の状態となった。

ところが肝心の慶喜は、戦いを避けるかのように、十二日には兵を率いてさっさと大阪城に引き揚げてしまう。十六日になると、一転して英、米、仏など六カ国の公使を引見。「王政復古は兇暴」などと批判した。

これに力を得たように幕府軍は会津藩を中心に、薩摩藩や新たに加わった長州藩など倒幕派に攻撃を加えるべく、大阪から京都に大軍を送り始める。慶応四年（一八六八）一月三日、京都南部の鳥羽付近で戦端が開かれた。後に鳥羽・伏見の戦いと言われ、一年半にもおよぶ「戊辰戦争」の始まりだった。

薩摩や長州、土佐などからの兵力補充が十分でない倒幕派に対し、兵力的には圧倒的に幕府方が勝っており、幕府軍の多くは「勝利」を確信するものが多かった。

だが現実には朝廷方――討幕派の優位で戦いは進む。

大きかったのは倒幕派が「官軍」であることを示す「錦の御旗」を押し立てて戦いに臨んだことだ。これには心情的には「尊王」派も多い幕府軍内に動揺をもたらし、戦意をそがれていった。またこうした流れの中で、当初幕府軍として北上していた津藩など一部が朝廷側に寝返りを打ち出し、幕府軍は総崩れの状態となり、大阪に向け敗走した。

それでも一月六日には、大阪城大広間に集めた幕府軍の隊長らに自らの出馬を求められた慶喜が「よし、これよりすぐに」と受け入れたことから、幕府軍内部には再び反攻への戦意が盛り上がったという。ところがその慶喜は同じ日の夜、突然大阪城を出て七日早朝、大阪湾に碇泊していた幕府の軍艦「開陽丸」で一路、江戸に帰ってしまった。

同行したのは会津藩主、松平容保ら数人だったといい、大阪城の幕臣たちにもほとんど知らされず、「敵前逃亡」と言われても仕方のない脱出劇だった。

慶喜は江戸に帰った後、ひたすら朝廷に対し「恭順」の姿勢を貫き、江戸城を離れて上野の寛永寺へ、さらには水戸へと退く。また、幕府軍内の主戦論者ともいえる容保らに帰藩を命じるなどで、政府軍への江戸の「無血開城」への道を開いた。

このため慶喜は旧幕府支持者らから「幕府を売った男」といった非難にさらされる。

この奇怪にさえ見える慶喜の「逃げ」については、さまざまな考察が行われてきた。最大の理由は慶喜が水戸藩の出身だったということだろう。水戸藩は徳川御三家のひとつの親藩ながら、「尊王」の家風で、その水戸学ないし水戸史観は史上の英傑を「朝敵」と「忠臣」に分類(司馬遼太郎『燃えよ剣』)しており、慶喜は「朝敵」になることを極端に嫌ったのだ。

さらに司馬氏によれば「貴人、情を知らず」という言葉の通り「生まれつきの殿様」は、土壇場での感覚が常人とは違うという面もあったといえる。だがそれだけではなかったに違いない。

鳥羽・伏見の内戦が始まって以来、神戸や横浜に居留する欧米列強はそろって「局外中立」の姿勢をとっていた。しかし、内戦がこれ以上激しくなって、通商などに支障が生じた場合、介入してくる可能性は否定できない。その場合、勝者に味方した列強による事実上の植民地化は避けられない。英明な知識人でもあった慶喜は、何としても内戦激化を避けたいと「恭順」の道を選んだことは間違いないだろう。

いずれにせよ、慶喜の決断もあって政府軍が「東征」において優位に立ったのは事実であり、三月十四日、西郷と幕府の勝海舟との会談で江戸は無血開城となった。

それでも一部幕臣を中心とする彰義隊が上野の寛永寺にこもり、松平容保の会津藩を中心とする奥羽越列藩同盟が結成されるなど、抵抗も根強かった。これに対し、江戸の一般庶民の反発も受け、当初手をこまねいていた新政府側は五月十五日、上野の戦いで彰義隊を敗走させて江戸を完全掌握するや、東北勢力の制圧に向かう。

そして、十月までには米沢藩や仙台藩を降伏させ、会津城を落城させた。さらに翌明治二年五月、北海道の函館で旧幕臣、榎本武揚らが最後の抵抗を続ける五稜郭を落とし、一年半におよんだ内戦に終止符を打った。

この間、東北戦争では会津藩の少年たちでつくる白虎隊の集団自刃などの悲劇を招いた。また東北各藩を分裂させる戦略や戦後の会津藩、米沢藩などへの過酷ともいえる処分は、政府軍の中心となった薩摩、長州などへの根強い反発を招き、そのしこりは百五十年近く経た今でも完全に消えてはいない。

それでも、内戦を早期に終結させ中央集権国家への道を開いたことが、欧米列強による植民地化を阻止したことは評価されねばならない。

⑤武士の自己犠牲でできた廃藩置県

明治四年（一八七一）七月十四日、東京は前日来の豪雨も止み、朝から小雨模様だったという。午後、宮城（皇居）内に在京中の五十六人の藩知事（旧藩主）たちを前に、三条実美は明治天皇の詔書を読み上げた。その主旨は「万民の安全を保ち万国に対峙するため、藩を廃し県とすることになった。これによって有名無実や政令多岐の弊害を除き簡潔な政治を行え」ということだった。ほとんどの旧藩主たちにとっては寝耳に水だった。当時二百六十余りに分かれていた藩がいっせいになくなり県となる。その意味は絶大だった。

江戸時代の封建制は、幕府が自らの直轄地などを除く全国の土地を各藩に与え、年貢の徴収権と武力を持つことを認める代わりに、幕府に忠誠を誓わせる形であり、藩はその基本であった。その藩をなくすことで年貢（税金）と兵（武力）はすべて中央政府の管轄となる。版籍奉還で名前こそ「知事」と変わっていても事実上藩を支配していた藩主たちも当然その地位を失うことになり、その藩主のもと、徴税や防衛を担っていた武士たちもその職をなくす。

封建制から中央集権国家へ、「革命」と言っていいほどの激変だったが、王政復古の大号令で徳川幕府から政権を奪い取った明治新政府にとって、避けて通れない変革だった。

戊辰戦争に終止符が打たれようとしていた明治二年（一八六九）一月、薩摩、長州、土佐、肥前という維新に功績のあった四藩の藩主が版籍奉還を願い出た。版（領土）と籍（領民）を朝廷に返したいというものである。実際は四藩出身の新政府首脳たちが、中央集権化しなければ欧米列強による植民地化から免れないとして、それぞれの藩主に働きかけたものだった。

四藩主の願い出が認められると、他の藩主がこれに続き、全国レベルで版籍奉還は実現した。とはいえ、実際にはほとんどの藩主は「藩知事」と名を変え軍事と徴税の権利を握ったままという「有名無実」の中央集権化だった。もろもろの改革を進め、軍事力を強化しようにも、中央政府が自由にできる税金は全国三千万石のうち幕府から受け継いだ八百万石だけだった。

特に焦りを感じていたのが新政府内で台頭しつつあった若手官僚、たとえば長州出身の井上馨、山県有朋らだった。彼らは明治四年七月になって、薩摩藩出身の西郷隆盛や長州藩先輩の木戸孝允らの同意を得たうえで、薩長両藩の武力を背景に、電撃的に廃藩置県を実現しようとした。

事前に漏れては当然、犠牲となる武士たち、特に真っ先に版籍奉還を申し出た雄藩の中でも藩維持派が強いとみられる土佐藩などの反発が予想されたからだ。西郷は井上から「多少の動揺は覚悟せねばならない。兵を用いる覚悟はあるのか」と聞かれたのに対し「兵は吾々が引き受ける」と答えた（松尾正人氏『廃藩置県』）。西郷らは薩摩などから約一万人の「御親兵」を東京に集めたうえで廃藩置県の宣言にこぎつけている。「王政復古の大号令」と同様、いざとなれば武力に訴えても中央集権を実現する構えだった。

しかも、五十六人の藩主に通告する直前、七月十四日の午前には鹿児島、山口、高知、佐賀という旧「薩長土肥」の四藩主やその代理人を別途呼び、事前に廃藩置県の勅語を伝えている。先に四藩主の同意をとりつければ他藩も従わざるを得ないだろうとの計算だった。如何に用意周到に行われたかとともに、各藩や武士たちの抵抗を恐れたかを示している。

だが実際には、この劇的な中央集権化は予想外なスムーズさで進んだ。政府は直後に藩に代えて三府（東京、京都、大阪）、三百二県を置き、藩主出身の知事の代わりに府知事、県令（後に県知事）を派遣、半年後には三府七十二県に統合したが、大きな混乱や反発は起きなかった。

当時、福井藩でお雇い教師をしていた米国人、ウィリアム・グリフィスが福井での廃藩置県への反応を描いた著書『皇国』によれば、ニュースが伝わった直後、武士たちの動揺は当然大きく、同藩から新政府に出仕している由利公正を「斬る」と叫ぶ者もいた。だがその一方で、冷静に受け止めている武士も少なからずいて、グリフィスに対し「これからの日本はあなたの国やイギリスのような国々の仲間入りができる」と胸を張って語った者もいたという。

むろん政府が、「失業」した武士たちの禄（給料）を当面の間、藩に代わり支給することを約束したことも動揺を最小限に抑えたと言える。だが、開国して十年余り、国際情勢を肌で感じるようになった武士たちが、自らが犠牲となって強力な国をつくらなければ、日本は生き延びていけないとの認識にいたったことが、激変を受け入れた最大の要因だろう。

さらに武力に訴えても、という同じ武士出身の西郷、木戸らの不退転の決意も一滴の血も流さず政治制度を百八十度転換させるという、世界史上例を見ない奇跡を呼んだと言ってもよい。

自ら中央集権化への犠牲となった武士たちは、新政府へ出仕したり全く新しい事業に乗り出したりするなど、新しい時代に対応していったのである。

⑥「四十年の遅れ」と確認した岩倉使節団

新政府が「廃藩置県」を実現させて約四カ月後の明治四年（一八七一）十一月十二日午後一時、米国の郵船「アメリカ号」が横浜港から米国に向けて出航した。船には百人を超す日本人が乗っていた。右大臣、岩倉具視を特命全権大使、参議、木戸孝允、大蔵卿、大久保利通ら四人を副使とする総勢五十人の政府使節団と、同行する津田梅子ら男女留学生の一行である。今日においてもこれだけの人数が一度に外遊する例はあまりない。

出航にあたっては、周囲の軍艦などから祝砲が打ち上げられた。その六日前、太政大臣の三条実美邸で行われた送別の宴では、三条が熱烈な言葉で使節団を激励している。「使節の能否は国の栄辱に係る」としたうえで「行けや海に火輪を転じ、陸に汽車を輾《めぐ》らし」と何とも勇ましい。

これほどの熱い期待を担って船出した「岩倉使節団」の目的は何だったのか。十一月四日に明治天皇が岩倉に授けた全権委任の「国書」によれば、それは「聘問《へいもん》の礼」を修める、つまり親善訪問が第一だった。さらに幕末に幕府が欧米列強と結んだ不平等条約を正すため各国の状況を学び、その糸口をつかむことなどだった。

だがこの使節団の結果は、後世の史家から厳しい批判を受けることになる。ひとつはいきなり条約改正の交渉を試みて失敗、逆に改正への道筋を失ったことである。使節団は十二月初旬、サンフランシスコに入港、開通して三年の大陸横断鉄道に乗り翌明治五年一月二十一日、首都ワシントンに着いた。道筋で大歓迎を受けたことに気を良くし、さっそく米政府に条約改正の交渉を申し入れた。

しかし、外交術に長けた米政府は、岩倉の持つ全権委任の国書に条約改正の交渉や調印の権限が書かれていないことを指摘、使節団の申し入れを一蹴した。このため、大久保と副使の工部大輔・伊藤博文が急遽日本に引き返し、全権委任状の再交付を求めるドタバタぶりを見せた。結局、米国側に相手にされず、岩倉らは五カ月も米国に滞在したうえ、欧州に向かわざるを得なかった。

さらに使節団の構成と余りに長かった外遊は、できたばかりの新政権に深刻な「分裂」をもたらせた。新政府が使節団派遣を検討し始めたのは廃藩置県を実現させた直後の明治四年八月頃だったが、毛利敏彦氏の『明治六年政変』によれば、当初大使に擬せられていたのは旧肥前藩出身の大隈重信だったという。条約改正検討の中心になっていたからだ。これに対し薩摩出身の大久保が岩倉を強引に引っ張りだしたのである。

しかも、大久保は自らと西郷とともに「維新三傑」と言われた木戸や、伊藤をも使節団に加えたため、王政復古や廃藩置県と同様またもや「薩長専制」との批判を他藩出身者から招くことになった。

また、最終的には二年近くにおよんだ長期外遊の間、残留組の政府首脳たちは西郷隆盛を中心に結束を固め、学制改革や地租改正、兵制改革（徴兵制）などの新政策を精力的に進めた。そして朝鮮との国交をめぐって、西郷自身の派遣など積極策を打ち出した残留組と、慎重論の岩倉、大久保ら帰国組との間で深刻な対立が生じた。西郷や板垣退助らがいっせいに下野するという「明治六年の政変」を招き、政局を一気に不安定化させたからである。

その一方で、使節団が欧米先進国で学んだことが富国強兵、殖産興業など明治日本の近代化政策につながったと高く評価する見方もある。

計十二カ国におよんだ岩倉使節団の欧米各国での見聞の詳細な記録は、岩倉の秘書的役割をつとめていた久米邦武が『特命全権大使米欧回覧実記』としてまとめ、明治十一年に刊行している。全五冊からなる大作であるが、実は見聞記を国民に広く知らせるのは岩倉らの最初からの方針だったという。

第一冊の「アメリカ編」では、地方都市での上下水道やガス管の敷設、道路整備など都市基盤の造成などを学ぶ一方、米国人の無邪気なまでの民主主義信奉にときには辟易《へきえき》しながらも、感嘆している。今日にまでつながる米国文明への理解である。

次に訪れたのが当時の最先進国、英国だった。ここで大久保らは、この国で産出するのは石炭と鉄だけであり、原料を輸入して加工、これを輸出することで今日の富強を築いている、と貿易立国、工業立国の本質を見抜いている。

さらに「後進国」である日本との比較についても使節団の中でかなり議論したらしい。『回覧実記』は「イギリス編」の中で「著しく此景象を生ぜしは、僅に四十年にすぎざるなり」と、また英国で工業技術振興とその教育を定めたのは「今を距《へだ》る僅《わずか》に三十四年前よりなり」（いずれも原文はカタカナ）と記す。つまり日本の遅れは「僅かに四十年、ないしは三十四年」と断じたのである。意気軒昂というか、それなりに近代化に自信を持ったことは間違いない。

芳賀徹氏の「欧米の正体を見抜いた岩倉使節団」（産経新聞ニュースサービス『地球日本史③』所収）は、使節団を「『何でも見てやろう』の旅」「空前の異文化学習集団」と名づけている。

⑦「邑に不学の戸なく」と学制発布

司馬遼太郎氏の『坂の上の雲』の主人公の一人で、日本陸軍の騎兵の父と呼ばれる秋山好古（信三郎）は明治八年（一八七五）一月、故郷の愛媛・松山から大阪に向かった。満十五歳のときである。

『坂の上の雲』によれば、いわゆる「没落士族」の息子である好古は、銭湯で風呂焚きをしながらも向学心に燃え、大阪にできたばかりの師範学校に入学したいと思った。師範学校は授業料が免除されていたためである。しかし、募集の年齢に達していないため、とりあえず大阪で助教となり、年齢に達するのを待つことにしたのだ。

その年の春には無事、堺県の助教試験に合格、さらに本教員ともなり、大阪市内の小学校に勤めるが、翌年には年齢をごまかして大阪師範学校に入学、一年で卒業し三等訓導となり、愛知県立名古屋師範学校付属小学校に赴任する。ここで知り合った同郷の先輩の勧めで、やはりできたばかりで授業料のいらない陸軍士官学校に進み、軍人へと転進する。それでも陸軍大将で退役後は帰郷して私立学校の校長をつとめており、どこかに「教師」という自負が染みついていたのかもしれない。

日本の学校教育が軌道に乗り始めるのは、明治五年（一八七二）八月に政府が全国単位の学校制度法令として「学制」を発布してからだ。その序文ともいえる「学事奨励に関する仰せ出だされ書」は次のようにうたいあげていた。

「自今以後、一般の人民、華士族農工商及婦女子、必ず邑《むら》に不学の戸なく、家に不学の人なからしめん事を期す」。身分、男女の区別なく国民はすべて教育を受けて自立させよというのであり、小学校教育を義務づけたのだ。世界的に見ても極めて先進的な理念だった。

「学制」は学区として全国に八大学区を設置、さらに一大学区を三十二の中学区、一中学区を二百十の小学区に分けた。つまり約五万四千校の小学校設置を目指していた。とはいえ、この「学制」には財政的裏づけはなく、いわば「掛け声」だけという面もあった。にもかかわらず、この前後から全国の町や村には、まるで「雨後のタケノコ」のように小学校が作られ、その数は数年で二万六千校におよび、就学率はたちまち五〇％に達した。その原動力となったのは江戸時代の「寺子屋」だった。

寺子屋は、幕藩体制のもと主に武士の子弟が学ぶ「藩校」に対し、庶民の子供たちが学ぶ学校として全国に広まった。その数は最盛期には三万にもおよんだといい、就学率も全国平均で三〇％、江戸では八〇％に達し、子供たちはそこで「いろは」

の読み書きから算盤、算術まで学んだ。町や村は競うようにその寺子屋を小学校に衣替えさせていったのである。

教育評論家の斎藤武夫氏は、子供たちが小学校に通い出した意味について産経新聞社『教科書が教えない歴史』にこう書いている。

「小学校の勉強を通して、子供たちは『村人』としての自分ではない『国民（日本人）』としての自分を発見するようになるのです。それは日本が『武士の国』から『国民の国』へと名実ともに生まれ変わることを意味していました」

もっとも課題も残っていた。教師の養成である。政府は小学校では世界で生きていける新しい知識を持った「国民」を育てることを目指しており、そのニーズに応えられる教師を育てることが、急務となっていた。

そこで政府は明治五年、東京に初めての師範学校を設立、翌六年から七年にかけては大阪、仙台などに六校、同様の学校を作っていった。いずれも授業料は無料で、教師を増員するとともに、廃藩置県で職を失った武士の子弟を救済する意味もあった。秋山好古が生きていくため大阪に出て、教師を目指したのは、そうした時代だった。

前述のように明治五年の「学制」は「掛け声」だけという面もあったが、十二年には「教育令」、十八年には大学、高等中学校（後に高等学校）、中学校、小学校、師範学校という学校の種類ごとに「学校令」が出されて、公教育の形が整い、明治末までには小学校への就学率は一〇〇％近くにまで上がり「邑に不学の戸なし」をほぼ実現させた。

さらに、これに職業軍人を育てるための陸軍士官学校、海軍兵学校、それに西欧から入ってきたキリスト教のミッションスクールや職業学校などの私立学校も加わり、多彩な教育環境が整っていく。全国の少年、少女たちは自らの希望や経済的環境によって、さまざまな進路を選ぶことができるようになった。努力や実力だけで社会的地位を得ることができる「立身出世」の道も保障されることになった。

そのことは藩や身分制度に縛られた江戸時代までの教育制度との決定的違いであり、西欧列強に負けない近代国家日本を背負う有為な人材を生み出していったことは間違いない。

⑧「武士だけに任せられない」と徴兵令

明治六年（一八七三）一月十日、岩倉具視、大久保利通ら欧米視察組の留守を預かる明治新政府は「徴兵令」を公布した。満二十歳に達した男子は士族・平民にかかわらず全員、兵役に服することが決められた。服する期間は、兵役に専念する「常備」が三年、普段は生業につき春秋の訓練に参加する「予備」が四年だった。

むろん身長が規定におよばない者、病弱者、官吏、医科学生、官公立学校生徒、それに外国留学生、戸主、徴兵在役中の者の兄弟など数多くの「免役」制があり、対象は必ずしも多くはなかったが、維新実現後約五年にして、新政府は他国と戦える「自前の常備軍」を持つことになったのである。

慶応三年（一八六七）十二月、王政復古を号令、明治四年（一八七一）には廃藩置県により中央集権政治を実現させた新政府だが、つきまとっていたのが自前の兵力の問題だった。慶応四年一月の鳥羽・伏見の戦いから始まった徳川幕府方との戊辰戦争では「錦の御旗」をかかげ「官軍」を名乗ったものの、実際の兵力は旧薩摩、長州など討幕派の各藩に頼らざるを得ず、その藩兵たちは形式的には依然、藩主たちの支配下にあった。

この「兵力なき政府」の状況を打破しようとしたのが、大村益次郎である。以前は村田蔵六と名乗る旧長州藩の蘭学医だったが、独自に西洋の兵学を学び、長州藩に洋式兵制を整える。その結果、慶応二年の第二次長州征伐では、長州軍の司令官として幕府軍を破り頭角を現した。戊辰戦争でも政府軍が手を焼いていた東京・上野の彰義隊との戦いの指揮をとり、近代兵器を駆使して一気に彰義隊を敗走させ「軍神」として恐れられた。

大村は戊辰戦争最中の慶応四年四月、政府の軍防事務局判事に就任、翌月には陸軍編制法と徴兵細則を定める。各藩に一万石当り十人の兵を「京畿常備兵」として中央政府に送り込むよう指示、さらに各藩は一万石あたり五十人の「藩地常備兵」を配置するよう求めた。旧来の武士の集団ではない新たな軍隊の設置を進めたのだ。しかし、この京畿常備兵差出の命令に対し「各藩の『猶予を乞う』旨の返答だけは早かった」（加藤陽子氏『徴兵制と近代日本』）といい、実現にはほど遠かった。

それでも大村は戊辰戦争に決着がついた後の明治二年夏、兵部大輔という職につくと、新たな兵制の考え方を打ち出す。それは武士ではない民兵、しかも志願兵ではなく徴兵による「国民皆兵」を目指すものだった。

大村自身、第二次長州征伐で高杉晋作が農民らを集めて作った奇兵隊の強さを目の当たりにしていた。さらに戊辰戦争での各藩の兵たちの対立ぶり、幕末、各藩や旗本を含め四十万、その家族などを含めると二百万という武士団がいながら、力づくで開国を求めた西欧列強の前に、なすすべがなかった現実を見たからだろう。また、志願兵では武士同様、終身雇用に近くなり、新政権の財政ではとても持たないという判断からだった。

大村の持論は「兵は縦に養って横に使う」だったという。徴兵で集めた民兵を短い期間で強力な兵に育て、いったん予備役として生業に戻す。こうして年々兵を蓄積、戦争となればこれを集めて使うという考え方だった。一方で職業軍人の育成や兵器の近代化も考えていた。

大村はこの年の夏、京都で刺客に襲われ十一月に命を落としたが、その跡を継いだのが同じ長州出身の後輩、山県有朋だった。山県は廃藩置県が実現して約五カ月後の明治四年(一八七一)十二月、大村と同じ兵部大輔として兵部少輔の西郷従道(薩摩出身)らと連名で「各府県から壮丁(成年に達した男子)を選んで常備兵・予備兵を設ける」と事実上の徴兵制を建議した。山県の兵制に対する考えは大村とほぼ同じだった。

その後、曲折はあったものの、翌明治五年十一月には「全国徴兵の詔」が出され、六年一月の徴兵令公布にこぎつけたのだった。

むろんこの徴兵令には反対も強かった。特に「国民皆兵」により「戦いのプロ」としてのプライドや職を失うことになる旧武士の反発は根強く、大村を襲ったのも徴兵反対の士族だった。西郷隆盛の側近だった桐野利秋は「そんな百姓を集めて人形を作り、どんな利益があるというのだ」と批判したといい、後の士族の反乱や西南戦争の遠因ともなった。

一方で兵役を「国民の義務」としながらも、前述のようにあまりに多くの「免役」規定があったうえ、一般庶民の間にはまだまだ「国民」として戦うという意識は少なく、「免役」を求める者も多かった。このため当初、徴兵されたのはほとんどが農家の二男、三男だったといい、この後何度も改正を余儀なくされていく。

それでも明治十年（一八七七）の西南戦争で、士族中心の薩軍を破ったのは徴兵による政府軍だったし、その後の日清、日露両戦争で大国の清やロシアに勝つことができたのも、「縦に養い、横に使う」という大村の考えが実ったためとしても言い過ぎではない。

⑨自国経営の道を選んだ鉄道建設

亡くなった桂米朝さんが得意としていた『胴乱幸助《どうらんのこうすけ》』という上方落語がある。明治の初め、喧嘩の仲裁が何より好きという幸助、浄瑠璃にある京都の帯屋の嫁いじめの話を本気にして、大阪から淀川を三十石船で上り、たまたま同じ名前だった帯屋にかけつける。そこで「それは浄瑠璃の話。しかも嫁はとっくに心中しましたがな」と言われ「しもうた。汽車でくればよかった」。

大阪・京都間に鉄道が開通したのは明治九年（一八七六）のことだ。この「落ち」は当時、京阪間のメイン交通路だった淀川の舟運が、汽車にとって代わられだしていたことを示している。

日本の鉄道建設が政治課題となってくるのは、慶応三年（一八六七）十二月二十三日、幕府の老中、小笠原長行が米国公使の代理という公使館書記官、アントン・ポートマンに対し、江戸・横浜間の鉄道建設免許書を与えてしまったことからだ。十二月九日に王政復古の大号令が発せられ、将軍、徳川慶喜に対する辞官納地の命令が出たばかりである。

この時点で慶喜は京都から大阪城に移り、反撃の姿勢も示していた。小笠原としては、米国に鉄道敷設権を与えることで、幕府の味方につけることを狙ったと見ることもできる。だが翌慶応四年一月、鳥羽・伏見の戦いで幕府勢力が敗れると慶喜は海路江戸に逃げ帰り、幕府は一気に崩壊へと向かう。

だが米国は免許書の正当性を主張、幕府に代わった新政府に更新を求める。これに対し新政府は「外国に鉄道建設をさせては植民地化する」と、これを拒否、米国も断念せざるを得なかった。

代わって早期建設を促したのが、英国公使のハリー・パークスだった。パークスは明治二年（一八六九）十一月五日、岩倉具視ら政府首脳と会談したさい、建設区間を早く確定するよう求めた。そのうえで鉄道建設・経営を他国に引き受けさせることは政府の権威を委譲することに等しい、と自国経営方針を提言した（竹内正浩氏『鉄道と日本軍』）。西欧列強の中でも他に多くの植民地を持つ英国は、すでに日本を植民地化はせずに対等な通商相手として育てる方針を固めており、新政府もいち早く承認していたのである。

これを受けて政府は五日後の十一月十日には、東京・京都間の幹線と東京・横浜、京都・神戸、琵琶湖畔・敦賀の各支線の建設を正式決定、東京・横浜間から着工した。建設には「鉄道に大金をつぎ込むよりも武備を急ぐべきだ」とする兵部省などの反対論も強く、用地取得が難航したが、英国の技術協力を得て明治五年初め、新橋・横浜（現在の桜木町駅付近）間の約二十キロが完成、九月十二日、明治天皇の御臨幸のもと開業式にこぎつけた。

完成した新橋駅には万国旗が翻り、大アーチが設えられ、明治天皇をお迎えする道の各家に日の丸が飾られていた。天皇をお乗せたお召し列車は午前十時、新橋を出発、沿線で一般市民が見守る中、約一時間で横浜に着いた。この間近衛砲兵隊や沖合に停泊中の軍艦の祝砲が鳴り響き、近代国家へのスタートを祝うかのようだった。維新後初の華々しい式典ともいえた。

開通により鉄道反対論も次第に薄らぎ、二年後には大阪・神戸間、四年後には大阪・京都間が開通する。だが問題は肝心の東京と京都を結ぶ幹線ルートが決まらないことだった。

当初は群馬・長野県境の碓氷峠から諏訪湖畔、木曽川沿いを通り、岐阜から関ヶ原を超える中山道沿いが有力だった。もうひとつの候補、東海道ルートは大河が多く橋梁がいくつも必要なこと、すでに道路が完備し鉄道による開発は必要ないなどの理由が挙げられた。だが、山県有朋ら当時の陸軍首脳たちは、海に近い東海道ルートでは敵に海上から攻め込まれ、鉄道を奪われては国が守れないと恐れていたといわれる。

このため明治十六年（一八八三）には、中山道ルートに内定、同年十月には政府が着工を指示した。だが着工直前に、日本の鉄道の生みの親とも言える長州出身の井上勝らが中山道を再調査したところ、碓氷峠、和田峠など越えなければならない峻嶮な峠が多く、難工事や莫大な費用がかかることがわかった。

井上は明治十九年になって急遽、東海道ルートへの変更を上申、閣議で承認されて着工、既設の部分も含め東京から名古屋、米原を通り神戸までを結ぶ全長六百キロ余りの幹線鉄路が開通したのは明治二十二年になってからだ。山県らが東海道案を飲んだのは、維新後二十年近く、富国強兵で国防にある程度の自信を得たからかもしれない。

もし、幹線が中山道になっていたらというのは日本近代史の興味ある「イフ」である。しかしその後、日本経済が京浜と中京、京阪神をつなぐ「太平洋ベルト地帯」を中心に発達したことや、日清、日露の戦いで果たした役割などを考えれば、東海道ルートは「価値ある選択」だったと言わざるを得ない。さらに遡って、米国への建設・経営権の譲渡を断固拒否したことも、日本の歴史を救う判断だったと言える。

⑩列強に負けじと太陽暦、旗日の採用

明治五年（一八七二）十一月九日、政府は突然「改暦の詔書」を出し、太陰暦を廃して太陽暦を採用することを宣言した。具体的には五年十二月三日を新暦の一月一日とし、一年は三百六十五日、これを十二カ月に分け、四年に一日の閏を設けるというものだった。

現在では「旧暦」と呼ばれるこの太陰暦は正確には太陰太陽暦といい、月の満ち欠けにより一カ月の日を決め、何年かに一度閏月を設けることで太陽の周期による一年との調整をはかる暦法である。古代に中国から伝わり、何度かの改善がなされたものの、日本では千年以上なじんできた暦だった。

ところが「改暦の詔書」は、閏月の前後が実際の季節と合わないなどの欠陥をあげたうえ、太陽暦は「精密」で太陰暦と比べ「便・不便も論を俟《ま》たざるなり」として軍配を上げ、一気に改暦に持ち込んだのだ。

とはいえ、新年まで二カ月足らずの時期である。「師走になって三日目がもう正月」という事態に庶民たちは大混乱した。そもそも太陽暦の意味がわかっている人もほとんどおらず、その便利さと必要性を説いた福沢諭吉の『改暦弁』が飛ぶように売

れたという（内田正男氏『暦と日本人』）。

政府がこうした混乱を押し切ってまで改暦を急いだのは、欧米列強と渡り合うために、彼らが使用している太陽暦――グレゴリウス暦を採用するしかないと考えたからだ。グレゴリウス暦は十六世紀末にそれまでのユリウス暦を改善したもので、キリスト教の復活祭の日を決めるもととなる春分の日を固定化することから始まった。

自然の動きにもっともよく合っていることもあってキリスト教国の列強はこの暦を採用、ユリウス暦をはじめ古い暦を使っている他国を見下す傾向にあった。このため、列強との外交をスムーズに進め、国際社会への仲間入りを目指す維新政府としては必然の選択と言えた。

また、当時大蔵卿の職にあった大隈重信が後に「告白」した別の理由もあった。明治四年の廃藩置県後、政府は中央、地方に多くの官吏を抱えることになり、その俸給はこれまでと違い「月給」として支払っていた。だが、旧暦によれば明治六年には閏六月があり、十三カ月「月給」を払わねばならなかった。これを避けるためにも改暦を急いだのだという。

「ケチくさい」話ではあるが、地租改正前で深刻な財政難にあえいでいた新政府としては、止むに止まれぬ措置でもあったのだ。

そしてこの太陽暦が採用された直後の明治六年一月四日には、この年から神武天皇の即位日にあたる二月十一日を「紀元節」、明治天皇の誕生日の十一月三日を「天長節」として国家の祝日に定めた。

「紀元節」は王政復古の大号令で、「神武創業の始め」にもとづき新国家を建設すると宣言したことから設置が決まった。『日本書紀』で神武天皇が即位したという「辛酉年《かのととり》の春正月の庚辰《かのえたつ》の朔《ついたち》」を、採用した太陽暦で計算すれば紀元前六六〇年の二月十一日に相当するとしたのである。

政府がこうした国家の祝日、いわゆる「旗日」の制定を急いだのは、欧米列強が独立や革命の記念日をナショナルデーとして、国民の一致団結を求める日としていることにならい、近代国家に欠かせないと見たからだ。また「紀元節」と「天長節」を最初に選んだのは、国際化の一方で、独立や革命ではなく、天皇の権威をいただきながら歩んできた日本の独自の歴史や伝統も大切にしていく姿勢を宣言したものともいえる。

この後も十一月二十三日の新嘗祭や春秋二季の皇霊祭などを加え、合計十の祝祭日となっていく。そして国民の方もこれに応え、みんなでこうした日を祝うことで国との一体感を強めていった。

たとえば、日露戦争（明治三十七〜三十八年）の直後に書かれた田山花袋の『田舎教師』には、当時の埼玉県北部（現在の羽生市）の農村地帯にある小学校での天長節のお祝いの様子が生き生きと描かれている。

それによると、学校には村長や土地の有志者、それに晴れ着や紋付を着た男女の生徒らが集まった。勅語の入った箱の前で「君が代」と「今日のよき日」を唄い、それが終わると生徒たちは、先生から紙に包んだ菓子をもらいうれしそうに帰っていく。

残った教員たちや村長たちは講堂に集まり、お茶と餅菓子や煎餅という茶話会で祝う。さらにそれだけで収まらない連中は田圃の中の料理屋に繰り出す。会費に加え、有志からの寄付もあってビールが景気よく抜かれる。村長と校長とは愉快そうに今年の豊作について話し合っている。

『田舎教師』は志を抱きながら早世した教師が主人公で、必ずしも明るい小説ではないが、この場面だけは読んでいても浮き浮きしてくるようだ。全国津々浦々での天長節も、こう祝われていたのだろう。

⑪「千島のおくも沖縄も」と国境画定

「蛍のひかり窓の雪……」で始まる『蛍の光』は明治十四年（一八八一）、スコットランド民謡に日本語の歌詞をつけた「小学唱歌」として誕生した。戦後も卒業式の定番として歌われてきたが、必ずしもそうした意図で作られたわけではなかった。そのことは戦後は全く歌われることがなくなった三番と四番の歌詞を読めばわかる。

「つくしの極みみちのおく／うみやまとおくへだつとも／そのまごころは隔てなく／ひとつに尽くせ国のため」（三番）

「千島のおくも沖縄も／やしまのうちの護りなり／いたらん国にいさおしく／つとめよわがせ恙《つつが》なく」（四番）

つまり明治初期の若者たちに、ひとつになって国を守る覚悟を持たせようという歌だったのだ。中でも四番は重要だ。北は千島列島から南の沖縄までが八洲《やしま》のうち、日本の国の範囲だとはっきり教えているからである。

江戸時代までの日本は四方を海に囲まれていることもあって、領土や国境をあまり意識することはなく、むしろ藩と藩との境をはっきりさせることに重点が置かれていた。しかし、近代国家を目指す以上、国境を画定させる必要が出てきた。万国公法で、一定の領土や領海を持ち、国民がおり、そこに他国から侵されない主権を確立することが国家の条件と考えられていたからだ。

初めに画定したのは「北の国境」だった。開国後の安政二年（一八五五）、幕府はロシアと日露和親条約を結び、千島列島の択捉島《えとろふ》と得撫島《うるっぷ》との間を国境と定めた。一方、樺太については住む人も少なかったため国境を設けず、両国雑居とした。

しかし、その後にロシア人が日本人よりはるかに多く住むようになったことから、明治新政府は樺太をロシアに譲り、反対に千島列島のすべてはロシアから日本に譲渡させることを決め、明治八年（一八七五）「樺太千島交換条約」を結んだ。むろん、このとき交換で得た千島列島は得撫島以北であり、択捉島より南の北方領土はもとより日本固有の領土だったことを証明している。

一方、「南の国境」は複雑な経由をたどった。琉球（沖縄）は十七世紀はじめに薩摩藩の管轄下に入ったが、中国大陸の明朝や清朝にも朝貢を続け、「日中両属」状態にあった。維新後、新政府は日本に所属することを明確にしようとしたが、その機会となったのが明治四年（一八七一）、台風のため台湾に漂着した琉球船の八重山島民五十四人が原住民らに殺害された事件だった。

大久保利通が北京に乗りこむなどし、台湾を自らの領土だとする清国に対し事件処理と謝罪を求めた。清国は「琉球の八重山島民は清国民だ」と強弁する一方、「台湾の住民は統治外の者だ」と謝罪を拒否した。大久保は「自国民が殺害されたのに事件を解決しないなら、台湾が『無主の地』であることを認めることになる」と、日本が武力により解決することを容認させようとした。

結局清国側は責任を認め、五十万両の賠償金を日本側に払うことで決着した。政府はこれで琉球は日本に属することを清国が認めたと判断、明治十二年（一八七九）には琉球藩に対し、清国への朝貢を禁じるとともに、琉球藩を廃し沖縄県を置き、正式に日本領とした。

清国はこれに対しなおも抗議、一時は台湾に最も近い八重山列島だけを清国領とすることで妥協しかけたが清国側の都合で不調に終わり、最終的には明治二十八年（一八九五）、日清戦争後の下関条約で清国側が台湾そのものを日本に割譲したことで決着を見た。

さらに小笠原諸島についても、明治九年（一八七六）、寺島宗則外務卿が米国、英国など十二カ国に対し日本が管理することを通告、多少の異議はあったものの、明治十三年（一八八〇）、東京府の管轄となり「東の国境」も画定した。「蛍の光」の「千島のおくも沖縄も」の歌詞が生まれた所以である。

新政府がこれほど国境画定、特に「南の国境」を急いだ背景には、清国の存在以上に、欧米列強の動きがあった。

田久保忠衛氏の「南の国境画定」（産経新聞社『地球日本史』所収）によれば、嘉永六年（一八五三）、浦賀に来航した米国のペリー提督はその前に琉球に寄港、小笠原諸島にも立ち寄っている。日本の沿岸の港、または周囲の無人島に自国船舶のための貯炭港を設けようと企てたからだ。

翌年には琉球の那覇から本国に対し、対日交渉がうまくいかなかったとき琉球を占領するかどうか訓令を求めている。このときはピアス大統領から拒否されたものの、琉球藩自身、米国、フランス、オランダと独自に和親条約を結んでいた。

このまま国境があいまいでは、近代国家の条件を問われるとともに、琉球や小笠原がいつ欧米列強のものとなるかわからないとの強い危機感が、大久保らの胸中にあったことは間違いない。

⑫「征韓論」ではなかった西郷の下野

暦が太陽暦に変わって半年たたない明治六年（一八七三）五月、日本と朝鮮（李氏朝鮮）との間に緊迫した空気が流れた。朝鮮の釜山にある日本人の居留施設で貿易拠点でもあった草梁公館への食糧などの供給や貿易活動が、朝鮮側の厳しい取り締まりで困難になった。公館前には「日本は西欧の制度、風俗を真似て恥じない」などと書いた掲示板が立てられたのだ。

公館は幕末まで草梁倭（和）館といい、対馬藩と朝鮮との交流基地となっていた。しかし、廃藩置県で対馬藩がなくなったため明治新政府はこれを接収、国際慣例に従う「公館」に衣替えした。これに対し、日本の新政権や国際化を認めない朝鮮側は、従来通りの対馬藩との交流を求め、公館への攻撃を始めたのだ。

現地からの報告を受けた総理格の太政大臣、三条実美は六月、正院の会議（閣議に相当）を開き、武力を背景にした「談判」による解決を提案する。

閣議の出席者は三条のほか、陸軍大将兼参議の西郷隆盛、参議の板垣退助、大隈重信、江藤新平らである。副総理格の岩倉具視や参議の木戸孝允、大久保利通らは依然、訪欧中だった。

席上、板垣が日本人居留民保護のため一大隊の兵を出すべきだと主張した。これに対し西郷は「派兵は朝鮮側の疑いを招き、こちらの趣旨に反することになる。まずは全権の使節を派遣して交渉すべきだ」と反論、使節は下級官僚ではなく大官を派遣すべきで、自らその任にあたりたいと願い出た。しかし三条は、留守政府の中核である西郷の派遣を躊躇し、結論を先送りした。

七月末になり西郷は板垣に手紙を書き、出兵には反対で使節を派遣すべきだとの論を繰り返すが、その後段で、朝鮮側は使節に「暴挙」を加えるだろうからその時、開戦の名分が生まれると述べ、「副島君（種臣外務卿）のような立派な使節はできないが死ぬぐらいのことはできる」と重ねて自ら使節となることを希望した。

西郷はさらに三条らに対しても派遣への同意を要請、このため八月十七日の閣議は西郷の派遣を内定、三条は箱根で避暑中の明治天皇に対し岩倉らの帰国を待って派遣する旨、奏上する。

その岩倉使節団は九月十三日に帰朝、三条は先に帰国していた木戸、大久保をくどいて参議に就任させたうえ派遣問題の決着をはかるが、優柔不断な三条は岩倉や大久保の意を受け早くも延期論に傾いていた。

十月十四日の閣議で岩倉は「樺太での日本人とロシア人との紛争問題の解決が先

決」と述べ、大久保も「使節派遣は開戦を意味するが、それは財政上困難」と延期を主張、「朝鮮問題の解決は急務」とする西郷と対立した。そして十七日の閣議では、西郷、板垣、江藤らの賛成で八月十七の決定を追認した。

ところが、両派の板挟みになった三条は天皇への奏上を前に倒れ、任務遂行不可能となった。すると大久保は、機敏に朝廷に働きかけ、岩倉を太政大臣代理に就けた。当時の制度上最終的決定権は太政大臣にあったといい、その代理となった岩倉は十月二十三日、西郷派遣を「不可」とする逆の奏上をしてしまう。

当然のことながら西郷は激怒して参議を辞任（形としては解任）、板垣、江藤、副島も二十四日に辞表を提出、桐野利秋ら西郷派や板垣、江藤派の要人も次々と政府を去った。

こうしたいきさつから、この「明治六年の政変」の元凶は「征韓論」にあるとされ、西郷はその「首謀者」として後世、特に戦後は日本国内や韓国などから批判にさらされることになる。だが近年、近代史家の毛利敏彦氏らが西郷はむしろ交渉による解決を主張しており、唯一の根拠とされる板垣への手紙は自らの派遣に対する板垣の同意を得るためだったとの説を展開、最近では「西郷は征韓論を唱えていなかった」との見方が有力だ。

むしろ「政変」の要因は、岩倉、大久保ら欧米使節派と西郷、江藤ら留守政府派の対立にあった。大久保らは当時の先進国であった欧米諸国を見ることで日本の近代化への大きなヒントを得たことは事実だが、同時に不平等条約改正への糸口をなくすという「失敗」も犯していた。

これに対し留守政府はこの間、学制発布や徴兵制施行など次々に改革を実現させていた。帰国した大久保や木戸らはこうした事実や、西郷を除く「非薩長派」が政府内で力を増していることから、一時政治への意欲を失っていたとされ、当初は参議就任にも消極的だった。このため、朝鮮問題を機に大久保らが一気に巻き返しを図ったのである。

いずれにせよ維新以来、団結して新政府を動かしてきた功労者たちが真っ二つに割れた「政変」による痛手は甚大だった。特に幕末以来「二人三脚」を誇ってきた西郷と大久保が袂を分ったことで、西郷を支持する士族たちの「大久保政権」への反発は強まり、西南戦争へとつながっていく。

日本が朝鮮に開国や近代化を求めた「朝鮮問題」の解決も遅れ、明治九年（一八七六）の日朝修好条規締結まで待たなければならなかった。

⑬最後の「武士」の抵抗だった西南戦争

東京・上野に建つ西郷隆盛像は単衣の着物に脇差、犬を連れた格好で、「維新の元勲」のイメージとは離れている。明治三十一年（一八九八）に建立された時、元勲らしく軍服で馬に乗った姿も検討されたが、「賊軍の頭目」とされた西南戦争からまだ二十年ほどしか経っていないことから却下されたらしい。

西郷は明治六年（一八七三）十月、いったん閣議で決まった朝鮮への使節が岩倉具視、大久保利通らによって逆転、延期となったことを怒り、参議を辞任、十一月には桐野利秋ら側近とともに鹿児島に帰った。

その後は市内武村に居を構え、畑を耕したり、鹿児島県中の山野で愛犬を連れて狩猟に明けくれたりしていたという。上野の銅像姿はそのままではないにしても、この時代の西郷のイメージから生まれたものだろう。

明治六年の政変でともに参議を辞めた江藤新平が翌明治七年、故郷で「佐賀の乱」を起こして処刑され、高知士族の領袖、板垣退助が後藤象二郎らとともに民撰議院設立建白書を提出するなど自由民権運動に乗り出したのとは対照的に、不気味なほどの静かさを保った。

だが、西郷の周りで湧きあがった「征韓論」には士族たちの「職」を回復する面があったこともあり、西郷とともに帰郷した多くの鹿児島士族たちの不満はくすぶっていた。そうした士族たちを再教育、統制するため西郷らの手で旧鶴丸城跡に私学校が建てられた。西郷の狙いは「反乱」ではなく、日本が対外的危機に直面したとき、これに対応できる人材を育てることだった。

一方で明治八年（一八七五）、前年、朝鮮沖で測量にあたっていた日本軍艦を朝鮮側が砲撃した「江華島事件」を機に、翌明治九年二月には日朝修好条規が結ばれ、征韓論はその名分を失った。さらに同年三月には士族から刀を取り上げる「廃刀令」、八月には廃藩置県後も士族に払っていた禄を、一時金と引き換えに打ち切る「秩禄処分」が出された。

いずれも日本の近代化、国際化には欠かせない施策だったが、これにより士族たちの怒りは最高潮に達した。同年十月には熊本で神風連の乱、福岡で秋月の乱、山口で萩の乱と西日本で立て続けに反乱を起こしたが、近代装備を施した政府軍に短期間で鎮圧された。鹿児島でも私学校党内で、別府晋介、辺見十郎太らを中心に西郷に対し「決起」を求める声が強まったが、西郷は「名分と時機が伴わない」としてこれを抑え続けた。

ところが翌明治十年一月、近代警察制度の生みの親である鹿児島出身の大警視、川路利良の指示で、反乱の事前説得などのため鹿児島に派遣された視察団の一人、警察官僚の中原尚雄が私学校党の尋問に「西郷暗殺」を「自白」したとして、士族らは一段と激昂する。政府の火薬庫を襲うなど臨戦姿勢を強めた。

「西郷暗殺」は中原自身、後に「自白」を否定している。川路が「万一の場合、西郷と刺し違えても仕方ない」と述べたということを、私学校党があえて曲解したものとみられ、東京に行き政府に暗殺計画の真偽をただすことを決起の「名分」とした。

彼らは狩猟中の西郷を呼び戻し、改めて決断を求めた。西郷はこのとき「しまった」と叫んだと言われるが、もはや止められないとみて薩軍を率いることを了承した。西郷が「暗殺計画」を信じていたかどうかは不明だが、かつての盟友、大久保利通もからんでいるとの噂に、後には引けぬと思ったようだ。

西郷らは二月中旬鹿児島を出発、まず政府軍の鎮台（後の師団）が置かれた熊本城を包囲、さらに北上して福岡から東京を目指そうとした。これに対し政府軍は山県有朋率いる陸軍を南下させ、両軍は熊本市北方の田原坂で激しく対峙した。しかし三月二十日には政府軍がついにこの難関を抜き、熊本城と連絡することに成功した。

劣勢となった薩軍は熊本と鹿児島の県境に近い人吉盆地に結集､反撃を図ったが、六月初めには政府軍により陥落、西郷らは追われるように宮崎から延岡と東九州を進んだ後、一度は政府軍に支配されていた鹿児島を奪還した。だがここも鹿児島湾から敵前上陸した政府軍が優位となり、西郷は九月二十四日、最後の抵抗の場とした鹿児島市の城山付近で自決、七カ月におよんだ「最後の内戦」は幕を閉じた。

勝因、敗因については、明治六年の徴兵令以来近代化を図ってきた「農民らの政府軍」に対し、士族にこだわる薩軍は装備面で劣っていたことが第一にあげられる。同時に「西郷暗殺の事実をただす」という薩軍の名分はあまりに弱く、「征討令」を得て「官軍」となった政府軍に対し士気においても劣ってしまったと言わざるを得なかった。

いずれにせよ、明治政府は近代化に向けた最後の難関を乗り切り、官僚政治のもと殖産興業、富国強兵に向かうことになる。「士族」であることを最大の誇りとすることで明治維新をなしとげた西郷と､その配下の者たちが自ら滅びの道を選んだ。日本は近代化、国際化と引き換えに、鎌倉時代以来約七百年の長きにわたり育ててきた「武士」を最終的に失うこととなった。

⑭皇后も行啓された富岡製糸場

平成二十六年（二〇一四）四月、群馬県富岡市の富岡製糸場が他の絹産業遺産群とともに世界文化遺産に登録されたことで、明治初期の工女、和田（旧姓横田）英の『富岡日記』が注目を浴びることになった。

英は長野県の旧松代藩士族の娘だった。明治六年（一八七三）の初めごろ、当時松代近辺の区長をつとめていた父親が、県から一区あたり何人かの若い女性を、できたばかりの官立富岡製糸場の工女として差し出すよう指示を受けた。だがほとんどの親は「人身御供でもあるまいに」と尻込みし、困った父親は娘の英に白羽の矢を立てたのだ。

維新直後の女性らしく新しい仕事にあこがれていた英はすぐに引き受け、これに刺激を受けて工女を希望した数え年十三から二十五までの女性とともに、同年三月富岡に向かい、ただちに製糸場での作業に従事する。中には旧松代藩家老の娘もおり、士族十一人、平民五人だった。

『富岡日記』は「日記」とはいえ実際は三十年も後に、英が記憶をもとに書いたもので、かなりの記憶違いや旧暦と新暦の混同も見られるらしい。それでも製糸のしくみから、工女たちの生活、それに各県から派遣された工女たちの「ライバル意識」まで細かく書いており、明治初期の製糸業のあり方、ひいては「殖産興業」を知る上での貴重な史料なのである。

富岡製糸場は英らが入場するより一年近く前の明治五年七月に完成、十月に開業している。

蚕の繭《まゆ》から取る生糸の生産は古くから日本で行われており、開国直後の幕末には茶と並ぶ主要輸出品となっていた。しかし、ほとんど手作業で糸を取りだすそれまでの工法では量的にも質的にも西欧に対抗できないとして、政府が蒸気機関を使った洋式の製糸工場の建設を決めたのだ。

まず、技術面ではフランス人の生糸検査技師を雇い、設計もフランス人に委託、当時の金で約二十万円をかけ、今に残るレンガづくりのみごとな工場を造り上げた。

みすず書房版『富岡日記』の森まゆみ氏の解説によれば、設立の中心となったのは、富岡に近い埼玉県深谷出身の渋沢栄一と、その従兄で初代の製糸場長になった尾高惇忠だったただろうという。渋沢は旧幕臣時代にパリ万博に派遣されて欧州の経済機構を学び、維新後はその豊富な知識を買われて新政府の民部省や大蔵省に呼ばれ、経済機構の改革にあたった。

大蔵省退官後は第一国立銀行を設立したほか次々と会社を作り、日本の資本主義の育ての親として知られるが、富岡製糸場など官営工場の設立も大蔵省時代に渋沢が手掛けたのだった。

この時期、政府は富岡のような製糸だけでなく紡績、炭鉱、造船、セメントなどで次々に官営工場を設立している。多くの資本や外国から導入する技術を惜しまずに投入、後に民間に払い下げることで工業を発展の基礎にしようというもので、「殖産興業」と言われ、推進したのは政府の実権を握りつつあった大久保利通だった。

官営富岡製糸場は、和田英ら工女たちのがんばりで、期待通りに技術力と生産性を高め、創業からわずか八カ月でウィーンの万博で二等進歩賞を受賞、「富岡シルク」の名前を世界的に高めた。約二十年後の明治二十六年（一八九三）には三井家に払い下げられ、民間の製糸工場となるが、長く日本の輸出品のチャンピオンだった生糸生産の中心であり続けた。

一方、こうした官営工場は地方に技術を分散、各地の産業を振興する役割を担っていた。今で言う地方振興である。富岡製糸場でも地方から集められた約四百人の女性たちは特別に「伝習工女」と呼ばれ、技術を習得した後は主に出身地に建設される製糸工場で工女たちに教えることになっていた。和田英も一年余り後には帰郷、地元にできた民間製糸場の工女取締教婦となっている。

戦後は工女と言えば山本茂実の『あゝ野麦峠』などにより悲惨なイメージで見られることが多い。世界遺産を目指していた富岡製糸場関係者を困惑させたというが、『富岡日記』を読めば、当時の若い女性たちがいかに進取の気質に富み、新しい国づくりの一端を担う意欲にあふれていたかがわかる。

英の祖父は富岡行きが決まったとき「たとい女子たりとも、天下の御為になることなら参るが宜しい」と英を励ましたという。

また英がつとめていた明治六年（一八七三）六月には、明治天皇の御母の皇太后と皇后（後の昭憲皇太后）とがそろって富岡製糸場に行啓されている。英も詳しく記しているが、森氏の「解説」によれば、鉄道も敷かれていない時代、しかも大雨で川の橋が流されている中、「官営工場で女たちが必死で働いているのに激励しないわけにはいかないではないか」と五日がかりで行啓を果たされたという。

上下、男女の区別なく必死に国を盛り上げて行こうという、明治初期の空気が伝わってくる。

⑮「建白書」で育った自由民権運動

前に触れたとおり、対朝鮮政策をめぐる「明治六年の政変」で下野した西郷隆盛、江藤新平、板垣退助らはその後、全く違う道を進んだ。

故郷の佐賀に帰り、すぐに「佐賀の乱」を起こして斬首された江藤、やはり帰郷し政治への情熱を失ったような生活を送った後、信奉者の若い士族たちにかつがれ政府と戦うことになった西郷らは、いわば武骨に「武士」としての生き方を貫いた。これに対し板垣はしたたかに「転進」をはかったと言える。

板垣は参議を辞めて間もない明治七年（一八七四）一月十七日、同じく下野した副島種臣や、まだ東京に留まっていた江藤らと連名で、「民撰議院設立建白書」を政府の左院に提出した。

建白書は「今政権の帰するところは上の皇室にもなく、下の人民にもない。独り有司（一部の役人）にある」として「有司専制」を批判、その有司は法律を作っては変え、政治も刑事も情実に陥っており、このままでは国は崩壊する。これを救うには天下の公議を張るしかなく、そのためには民撰議院を設立すべきだとしていた。官僚政治から議会政治への転換を求めたのだ。

板垣はこれより前、一月十二日には東京の銀座に本部を置く愛国公党を設立した。「人民の権利」を主張しており、後の自由党の前身である。さらに三月になると、出身の高知に帰り、先に帰郷していた林有造らとともに「立志社」を作る。西郷らの鹿児島の私学校にならった面もあるが、立志社は普通の学問だけでなくミルの『自由の理』、スペンサーの『社会学』など西欧の啓蒙書も教えたという。

初期の塾生には尾崎行雄、犬養毅らがおり、植木枝盛、河野広中ら後の自由民権の闘士らも集まり、土佐はたちまち自由民権運動の「聖地」の様相を見せ、板垣はその頭目のような存在となった。そして、この自由民権運動が日本の国会設置や憲法制定を牽引したように言われるが、必ずしも正確ではない。

第一に「有司専制」といっても、政府は維新直後から「建白書」制度を設けていた。国民誰もが意見を文書で政府に提出できる仕組みで、政府はその意見を検討するための「左院」という役所を設けていた。たとえば、明治七年の一年間だけで四百八十九件の「建白書」が寄せられ、そのうち約四分の一が「上申」扱いとして政府部内で検討されたという（牧野憲夫氏『明治七年の大論争』）。

決して「専制」ではなく風通しもあったわけで、「民撰議院設立建白書」もしっかりこの制度を利用したものだった。

さらに、政府内でも旧長州藩出身の木戸孝允、伊藤博文らは早くから国会開設や憲法制定の必要性に気づいていた。特に木戸は岩倉使節団で訪欧、当時のポーランドを視察して「この国には憲法や議会がなく、支配者や人民も勝手にふるまい滅んだ」と断言、帰国早々に建白書を提出していた。

木戸は板垣が「民撰議院設立建白書」を提出したと聞いたとき、自らの意見とすり合わせるために板垣を自宅に招き、建白書を読ませてほしいと依頼した。板垣は引き受けたが、実際に建白書を書いた板垣側近のひとり、小室信夫が先に内容を「日新真事誌」という新聞に発表、その新聞を木戸に送ったため木戸は感情を害し、政府が板垣らの建白書を検討することもなかったという（板垣退助監修『自由党史』）。「有司専制」批判は木戸らには、単なる「薩長政府」批判と映ったようだった。

それでも、政府にとって自由民権運動の盛り上がりは無視できず、板垣を取り込もうと考えた。伊藤と井上馨のあっせんで、板垣と当時政府を切りもりしていた大久保利通、それに台湾出兵に抗議して参議を辞め山口に引っ込んでいた木戸らを大阪に集め、元薩摩藩士で大阪経済界の重鎮、五代友厚の自宅でいわゆる「大阪会議」を開くことにこぎつける。鹿児島の西郷にも声をかけたが出席しなかった。

木戸は「速やかな民撰議院の設立を」とはやる板垣を「設立に異議はないが、順序と方法論では慎重派だ」と抑え、会議では大久保の意を受けて作成したという伊藤の漸進論的な案が採用された。
①帝国議会を開く準備として、元老院を設ける
②司法権の独立を図るために大審院を設ける
③ひろく民情を知るために地方会議を復活する——などだった。
盟友と頼む西郷が乗ってこない板垣は、これを受け入れた。

この会議を受けて木戸は再び参議に復帰、その推薦で板垣にも「入閣」が求められた。「私は田舎暮らしが向いている」として、はじめ固辞した板垣も結局、明治天皇から命じられる形で参議に返り咲く。

こうして木戸、板垣、伊藤らが主流を占めた政府は四月、「立憲政体樹立の詔」を発し、いよいよ憲法制定・国会開設に進むかに見えたが、板垣の再度の下野や西南戦争などで曲折は絶えなかった。

⑯大隈の「ポピュリズム」を排した政変

西南戦争終結から八カ月近く経った明治十一年（一八七八）五月十四日、内務卿、大久保利通が参内の途中の紀尾井坂で、自由民権派の士族らによって暗殺される。大久保の「専制」への抗議だとした。

その前年、西南戦争の最中の明治十年五月、木戸孝允が病死、九月には西郷隆盛が自決しており、わずか一年の間に明治日本は「維新三傑」を一気に失うことになった。一度参議に復帰していた自由民権の闘士、板垣退助も再び下野しており、政府は内務卿となった旧長州藩出身の伊藤博文と筆頭参議の旧肥前藩出身の大隈重信が中心となって実務にあたることになった。

しかし長年、支柱となってきた大久保を失ったことで、求心力に乏しい不安定な政権だった。それが現実のものとなったのが明治十四年（一八八一）のいわゆる「明治十四年の政変」である。この年の十月十一日深夜、明治天皇の前で「御前会議」が開かれた。出席者は太政大臣の三条実美、左大臣、有栖川宮熾仁親王、右大臣、岩倉具視を除き伊藤や黒田清隆ら旧薩摩・長州出身の参議で占められており、筆頭参議、大隈の姿はなかった。

会議ではまず、民撰議院を制約するための元老院設置や、天皇の軍統帥権の確立を求めるなどの憲法制定に関する意見書を、出席参議の連名で天皇に提出した。その後、三点の重要な決定を行う。明治二十三年を期して国会を開設するとの詔書、北海道開拓に伴う官有物払下げ決定の取り消し、それに大隈の罷免だった。

このうち大隈の罷免については、天皇のご意向もあり、その夜のうちに参議の伊藤と西郷従道が大隈邸を訪問、辞表を出すよう迫った。大隈は「陛下に拝謁してから」としたが、翌朝宮中に行っても拝謁はかなわず「依願免職」を受け入れざるを得なかった。さらに十三日以降、矢野文雄、犬養毅、尾崎行雄ら大隈の政策スタッフとなっていた「民権派」官僚も次々罷免された。

直接の理由は官有物払下げ問題だった。政府は明治二年に「開拓使」という役所を設け、五年から十カ年計画で北海道などの開拓にあたり、ちょうど十年目の十四年、建設した工場などを予定通り民間に払い下げることを決めた。しかし、価格が安すぎるとして新聞が「癒着」疑惑を指摘、反政府運動が起きる。政府は疑惑の有無より反政府運動を重視、当時、民権派と接近していた大隈が情報を流してそれを煽ったと見たのだ。

だが、それだけの理由で政府の中枢人物を排除したとするのには無理があり、やはり憲法問題をめぐる伊藤や参議、井上馨らとの対立が大きかった。

政府は前述の通り、明治八年「漸次立憲政体樹立の詔」を発し、本格的に憲法制定・国会開設の準備にかかった。十三年三月には民間の自由民権派が「国会期成同盟」を設立、「明治十四年十月までに開設を」との決議をしたことから、政府もピッチを早め、中心人物の大隈、伊藤、井上は十四年一月、熱海で憲法のあり方について議論、今後も協調していくことを約した。

ところが大隈は三月、独自の意見書を有栖川宮に「内密に」として提出した。大隈の独走を心配した有栖川宮がその中身を岩倉らに示し、伊藤らも知ることとなったことから、伊藤が「約束違反」と怒ったとされる。

しかもその中身は、翌明治十五年には国政選挙を行い、二年後に国会を開設するという急進主義だった。憲法案も選挙で多数を占めた政党が内閣を組織する議院内閣制をとっており、当時の政府の考えや民間の憲法案からもかけ離れた過激なものとなっていた。

伊藤や井上は大隈の案を危険視して、内閣からの排除を決意したとされる。「御前会議」で穏健な憲法意見書を提出、期限を切って国会開設の詔書を発したのはそのことに対する反発を抑えるためだった。

早稲田大学の創立者としても知られる大隈は、その後二回にわたって首相をつとめるが、国民の人気は抜群だった。大正十一年（一九二二）一月に亡くなったとき、日比谷公園で行われた国民葬には二十万とも三十万ともいわれる一般国民が会葬の列を作ったと言われる。

万事鷹揚《おうよう》な人柄や、「反薩長閥」を貫いたことなどが人気の理由とされたが、それは良く言えば「機を見るに敏」、悪く言えば今でいうポピュリズム（大衆迎合）につながる姿勢だった。

明治六年の政変では薩長中心の政権にとどまったものの、下野した板垣退助らの「自由民権派」が国民の支持を得て、「薩長政権」への批判が強まると、次第に自由民権派に近づき、その若手を次々と官吏として部下に採用した。国会開設や憲法制定でも自ら伊藤ら薩長側と袂を分とうとしたのである。

開拓使の払下げ問題では、大隈が反政府運動を煽ったとする証拠はなかった。しかし、当時の自由民権派への傾斜を見れば、考えられなくもないことだ。伊藤らが恐れたのは、国会開設に関する急進論より、大隈のポピュリズムが政府内で幅をきかすことだったのかもしれない。

⑰国家分裂を避けるため欽定憲法を

明治十五年（一八八二）三月十四日、筆頭参議、伊藤博文は明治天皇の勅命を受け欧州に旅立った。主にドイツで憲法について調査するためで、後に伊藤とともに憲法の条文づくりにあたる伊東巳代治らが随行した。

現在では「明治憲法の生みの親」とされる伊藤であり、ごく当然の行動とみられるが、当時の受け止めはそうではなかった。西郷隆盛、大久保利通、木戸孝允という「維新三傑」はすでになく、大隈重信も政変で追放され、今や政府を支えているのは三条実美、岩倉具視ら公家出身者を除けば伊藤しかいなかった。実務は伊藤の肩に背負われていたといってもいい。

その政府第一人者が、勅命とはいえ長期にわたり日本を留守にする。「この多事多端な折に……憲法の条文の調査ごときでヨーロッパにまで行くのか、理解に苦しむというのが大方の反応だった」（瀧井一博氏『伊藤博文』）という。

その答えは、前年（明治十四年）の在野における国会開設、憲法制定運動の盛り上がりと、それに対する政府の「あせり」のようなものにあった。

前述の通り、明治十三年三月に自由民権派により「国会期成同盟」が結成され「明治十四年十月一日までの国会開設」を求める決議をした。さらに国会開設を天皇が承認すれば、憲法案をまとめ提案するとした。これに刺激を受け、十四年ごろには全国各地で憲法私案が作られ、その数は条文内容が明らかになっているものだけで四十五に上るという（藤岡信勝氏・自由主義史観研究会『教科書が教えない歴史』）。

たとえば、東京の五日市（現あきる野市）という山間の町でも、小学校教師を中心に憲法草案が作られた。昭和四十三年になって発見された草案は第一条で「日本国の帝位は神武帝の正統たる今の国帝（天皇）の子裔に世伝す」と定めるなど立憲君主制を明確にする一方、国民の権利を三十六カ条にわたって認めるものだった。

『教科書が教えない歴史』によれば、このように自由民権運動の中で考えられた憲法私案はすべて立憲君主制をとっていた。ただ、板垣退助らによって結成され自由民権運動の起点となった「立志社」の案は過激だった。君主制は認めながらも国帝を「行政長官」「陸海軍の都督（総大将）」とし、「国会が帝位を認定する」などと定めていたからだ。

むろん、全国津々浦々まで憲法論議が行われていたということは、当時の国民の国づくりへの意識の高さを示している。伊藤ら政府中枢もこうした高まりは無視できず、憲法制定は避けられなくなってきた。だがその一方で、民権派のかたよった動きは危険な兆候とも思えた。

早期に国会が開設され、もし立志社案のような憲法が制定されると、天皇の権威をいただいて進めてきた明治の国づくりが水泡に帰す。また、そうなると「天皇親政」を主張する保守派との対立が激しくなり、再び動乱の時代に突入することも恐れたのだ。

そこで政府は、フランスなど欧州で法学を学んだ法制官僚、井上毅《こわし》の意見を取り入れ、①憲法は国会で決めるのではなく、天皇が君主の命で政府が定める欽定とする②政府組織は議会の多数派が組織するのではなく、君主が任命する——という二点を立憲の基本方針とした。いずれも英国方式ではなく、ドイツのプロイセンの憲法にならったものだった。

一方では「明治十四年の政変」で急進論を説く大隈重信を「追放」したのと同時に、明治二十三年に国会を開設する詔書も出し、早期開設論を封じた。だがこれにより、二十三年より前に憲法を制定せねばならないことになり、早急にプロイセン憲法を研究するため伊藤を派遣したのだ。

伊藤は英語には堪能だったがドイツ語はできず、プロイセン憲法に詳しいわけでもなかった。だから井上ら実務者を派遣する案もあった。しかし岩倉ら政府首脳にしてみれば、民権派との論戦を有利にするため伊藤に憲法を学ばせ、将来の政治のあり方についても理解を深めることを期待したのだ。

ドイツ入りした伊藤は、まずベルリンで代表的法学者のルドルフ・グナイストに教えを乞うた。だが、グナイストは意外にも「たとえ（日本が）国会を設立するも、兵権、会計（予算）権等にクチバシを入れさせるようでは、世の乱れを招くだろう」と、立憲制を否定するような「助言」を行う。

しかし、八月にウィーンを訪れ、ウィーン大学教授のローレンツ・シュタインに講義を受けたときは、大きな示唆を得た。「憲法はその国の歴史に基づくべきだ」とするとともに、議会政治（国会）の意思は尊重しつつも、行政（政府）の積極的役割を強調する国家学を伝授したのだ。

伊藤が求めていたものも「憲法に書かれるべき具体的条文の理解ではなく、立憲国家の全体像と憲法施行後の国家運営の指針だった」（瀧井氏『伊藤博文』）だけに、シュタインから英国流の議院内閣制を主張する自由民権派の理論に負けないという自信をもらい、十六年八月に帰国した。

伊藤はこのシュタインの国家学を憲法制定の中に生かすとともに、後に立憲政友会を組織するなど、日本における議会と政府の調和に腐心していく。

⑱古事記から「天皇のしらす国」を発見

明治十五年（一八八二）、伊藤博文が西欧で憲法を研究、その条文よりも国の歴史やあり方の大切さを学んでいたころ、国内でも井上毅が憲法制定の前提として、国体や国学の研究に乗り出していた。

西欧に留学して、その法制に詳しい井上は岩倉具視や伊藤のブレーンとして、憲法制定にあたっては「天皇の命で制定する欽定憲法とする」「議院内閣制はとらない」という政府の基本方針を定めた。

その上で憲法草案の構想を練っていたが、そこで突き当たったのが「この国の歴史に脈々と流れているはずの国のあり方、国体とは何か」という問題だった。それを解くために井上は『古事記』を中心に、古典、国学を学ぶことにした。一世紀余り前、本居宣長が「日本人の心」を取り戻そうと、ほとんど忘れられていた『古事記』の研究を始めたのに似ていた。

井上は小中村清矩ら国学者に学びながら、文字通り寝食を忘れて古典の解読を進める。その結果、重要なヒントを得たのが『古事記』の中で、天照大御神が建御《たけみ》雷神《かづちのかみ》を通じて大国主神に告げた次の言葉だった。

「汝《いまし》がうしはける葦原中国《あしはらのなかつくに》は我が御子の知らす国ぞと事依《よ》さしたまひき。故《かれ》、汝の心は奈何《いか》に」

つまり、大国主神に葦原中国を譲ってほしいというわけで、いわゆる「国譲り」につながるのだが、問題は「うしはける」と「しらす」の使い分けである。今日手元の『古語辞典』を見ると「うしはく」「しらす」は、ともに「領」の漢字をあて「神が治める」「お治めになる」とし大きな相違はなく、そのままなら『古事記』の表現も単なる「領有権の主張」となる。

だが井上は古典を調べ上げた結果、「しらす」は天照大御神や歴代天皇について使われ、「うしはく」は大国主神や一般の豪族の支配行為として使用されていることを知る。つまり、天皇が西洋流に国を「私物」として支配したのではなく、国民を尊重し、その幸せを祈りながらお治めになってきた。それが日本の国体である――との結論に行きあたったのだ。

このため井上にとって国のあり方は、自由民権派や福沢諭吉、大隈重信らの「君民共治」が良いのか、プロイセン流の「君主主権」なのかという論争はどうでもいいものとなった。

井上は明治十六年、帰国した伊藤が初代首相となって憲法制定に本格的に着手するのを待って甲乙二案の草案を作り伊藤に示すが、特に天皇に関する条文にはこの「天皇がしらす国」という思想が貫かれていた。

第一条は甲乙両案とも「日本帝国ハ万世一系ノ天皇ノ治《シラ》ス所ナリ」となっていた。この条文の「天皇ノ」以下は伊藤によって「天皇之ヲ統治ス」と修正された。しかし、憲法発布後に伊藤の名前で出版された逐条解説書である『憲法義解』は、第一条に関し「シラス」と「統治」が同義語であることを示すとともに「君主ノ徳ハ八洲臣民ヲ統治スルニ在テ一人一家ニ享奉スルノ私事ニ非サルコトヲ示サレタリ」とし、前述のような国を私物として支配するのではないことを明記している。

また、大東亜戦争後「天皇の独裁を認めた」との批判がある第四条「天皇ハ国ノ元首ニシテ統治権ヲ總攬《(総)》シ」も、その後に続く「此ノ憲法ノ條規ニ依リ之ヲ行フ」を読めば、これは天皇の「しらす」国を表現したもので、批判は全く当っていない。事実この憲法下、天皇が「独裁」したことは一度もなかった。

後に軍部の独走を招いたと批判される「天皇ハ陸海軍ヲ統帥ス」も第一条に照らせば、軍の一部に利用されただけであることがわかる。

一方、第三条の「天皇ハ神聖ニシテ侵スヘカラス」はもともと井上の草案にはなかった条文だった。日本の歴史を深く学んだ井上にとって「神聖不可侵」は当然のことで、憲法に規定するようなことではなかった。だが、伊藤らは近代法治国家となるには西欧諸国の憲法にならって天皇の政治責任を避けるためにこれを加えたといい、「天皇の神格化」とはまったく別の考えだった。

実は、伊藤や井上らが憲法原案策定にあたっていたころ、政界は条約改正をめぐる欧化政策と、これへの反発で揺れていた。幕末に幕府が欧米五カ国と結んだ通商条約は外国人の裁判や関税自主権をめぐってきわめて日本に不利なもので、明治維新以来、改正は悲願だった。特に明治十九年（一八八六）、外務大臣となった井上馨は洋装の徹底や在日外国人を招いてのパーティなどで欧化を進め、それで条約改正の道筋をつけようとしたが、これが保守派を中心に強い反政府運動を招き、井上馨は辞任に追い込まれた。

井上毅も外国経験の長い政府の一員で伊藤の下僚でありながら、こうした浅薄ともいえる欧化や欧米への属国化を招くような条約改正案には反対であり、彼の憲法草案に日本の歴史が反映されていたのには、そうした背景もあった。欧米列強に対抗するためにその文化、制度を取り入れるのは止むを得なかった当時の状況で、憲法の中に色濃く日本の伝統を残すことができたのは、奇跡的とも言えた。

⑲日本人の叡知集めた明治憲法

話はやや遡るが、伊藤博文は明治十六年（一八八三）八月三日、ドイツなどでの憲法研究を終え帰国した。二週間前の七月二十日には伊藤を送り出した右大臣、岩倉具視がその帰国を待たず死去していた。

名実ともに政府の最高実力者となった伊藤は、憲法制定など国家改造のための体制づくりに着手する。まず十七年には制度取調局を設置、自らその局長となった。そのうえで参議のまま宮内卿（後の宮内大臣）に就任する。明治天皇の側近たちからは抵抗を受けるが、欽定憲法を制定するには天皇による直接的後ろ盾が必要と考える伊藤はこれを押し切る。

さらにこの年の七月、憲法施行後、民撰議院に対抗する貴族院を置く布石として新華族制度を置き、十八年には維新以来の太政官制度を廃止、内閣制度を設けようとする。国会を開設した場合、議院側から政府への厳しい追及が予想されるが、岩倉亡き今、太政大臣の三条実美や左大臣、有栖川宮熾仁親王という朝廷出身の政府首脳では対応しきれず、近代的な政府を必要としたからだ。十二月には新内閣制度が発足、伊藤は初代の首相に就任、伊藤内閣が発足する。

翌十九年各省の官制も整え、いよいよ憲法制定作業に着手しようとするが、前述の通り、条約改正のための過度の欧化政策への反発を機に、反政府運動が起き、頓挫しかねない状況となる。

伊藤はこうした「雑音」を避けるように明治二十年（一八八七）六月から八月、伊東巳代治や金子堅太郎という側近をともない、横須賀の夏島にあった別荘にこもり、条文の検討に没頭する。ベースにしたのは井上毅が作成した甲乙二案の憲法だったが、反政府色を強めていた井上は検討に加わっていない。

こうしてできた「夏島草案」は、特に議会（国会）の権限の部分で「井上草案」を大幅に修正していた。井上案では議会の法案提出権だけは認めないが、質問権、奏上権、予算審議権などを認めていた。ところが伊藤はこれらの権限をすべて削除していたのだ。伊藤の頭には国家運営での政府の責任を強調するローレンツ・シュタインの教えがあったに違いない。

八月末、夏島草案を見せられた井上は当然のように激怒、「これでは憲法を何のために設けるのか、国会を何のために開くのかわからない」と抗議した。すると伊藤は十月になり、手のひらを返したように自らの草案を再修正（十月草案）、ほぼ当初の井上案に戻してしまった。

伊藤のこの「変節」の背景には、当時の厳しい政局があったとみられる。この年の九月には、過度な欧化政策への批判を受けた外相の井上馨が辞任に追い込まれた。後任外相は伊藤が兼任したものの、窮地に陥った伊藤は「明治十四年の政変」で追放した大隈重信を外相につけ、民権派を中心とした反政府運動を抑えようとした。大隈は結局二十一年二月に入閣するが、伊藤哲夫氏の『明治憲法の真実』はその交渉の段階で憲法草案をめぐって妥協があったのではと推測している。

曲折を経て天皇の名による政府案が出来上がったことで、憲法はその審議のため天皇の諮問機関として設置された枢密院で討議されることになった。討議には明治天皇ご自身をはじめ、全閣僚、それに勝海舟ら別途任命された枢密顧問官が参加、議長には首相の座を黒田清隆に譲った伊藤がついた。

二十一年六月に始まった審議で特に議論となったのは、第四条「天皇の統治権総攬」で「此ノ憲法ノ條規ニ依リ之ヲ行フ」としている部分だった。保守派が「天皇の統治権は固有のものなのに、憲法によって生じたかのように誤解される」と削除を求めた。

これに対し伊藤は「君主の大権を明記し、その幾部分かを制限するのが立憲主義というものだ」と反論、「統治権を全体として把握されるのは天皇であるが、個々の統治権を天皇の名で行使するのは政府であり、議会であり、裁判所である」との立場を明確にした。採決の結果、多数でこの条項を認めた。

翌明治二十二年（一八八九）一月の会議で政府は、議院の権限として上奏権を落とし代わりに議案提出権を認めると修正、次の会議で双方の権限を認めるなど、ここでも曲折はあった。だが同月二十九日の会議で、政府の基本方針が示されて以来七年余りの検討を経て「大日本帝国憲法」が仕上がった。

その制定過程をみると、ときに政治的妥協は見られたものの、伊藤と井上の激しい議論や、枢密院での多数決で決められたということは驚きである。事実上ＧＨＱの手で作られ、議会での審議も形式的で「押しつけ」られた現在の日本国憲法に比べ、はるかに多くの日本人の叡知を集めたもの言える。

また、明治天皇も枢密院の会議に欠かさず出席され、発言こそなかったものの議論をすべて把握されようとした。それこそ「しらす」という脈々と伝えられた天皇の姿勢を体現されたものと言える。

この年の二月十一日、紀元節の日に憲法は発布、日本はアジアで最初の近代的立憲国家として新たなスタートを切った。東京の空には祝砲がとどろき、鐘が鳴り響いたという。

⑳条約改正果たそうと鹿鳴館を建設

明治十六年（一八八三）十一月、東京・日比谷にレンガ造り二階建ての洋館が出現した。現在の日比谷公園の向かい側、帝国ホテルの隣あたりである。

「鹿鳴館」と名づけられたこの洋館は政府によって建てられた社交ホールだった。洋装で着飾った華族の子女と日本に駐在する外国人官吏らがダンスなどを楽しむ場である。その華やかさは後に芥川龍之介の小説『舞踏会』や三島由紀夫の戯曲『鹿鳴館』に描かれた。「鹿鳴館時代」と呼ぶこともあるほどだが、政府がこの時期に、取って付けたような洋風社交場を作ったのは、憲法制定とならんで最大の政治課題だった条約改正と密接につながっていた。

維新前の安政五年（一八五八）、幕府は米国と修好通商条約を結び本格的開国に踏み切った。朝廷の許可を得ないままの調印だった。幕府が調印を急いだのは、清国とのアロー戦争に決着をつけたイギリスとフランスの艦隊が日本に開国を迫りにやってくるとの情報があり、「その前に米国と条約を結べば、これを防げる」との米国公使、タウンゼント・ハリスの「甘言」に乗せられたためと言われている。調印を急いだあまり、条約は日本の不利になる条項が多い不平等なものだった。

特に日本で罪を犯した米国人は、米国の法律で裁かれるという「領事裁判」制と、日本が輸入税率を自由に決められないことがそうだった。だが当時の尊王攘夷派の批判は、幕府が勝手に条約を結んだ点に集中、その不平等性はあまり問題にされず、幕府は続いてイギリス、フランス、ロシアなど西欧列強と同じような不平等条約を結んでいった。

維新により徳川幕府に取って変わった明治新政府はさすがにこの問題を放置できず、条約改正に乗り出す。前述のように、明治四年（一八七一）から米欧諸国を歴訪した岩倉使節団の目的のひとつは、改正への糸口を見出すことだった。だが一気に決着しようと功を焦り、日本の足元を見た米国により改正を遠のけられてしまった。

各国との改正交渉が本格化するのは明治十五年（一八八二）一月、東京で条約改正予備会議が開かれてからで、米欧の十カ国余りの駐日公使らが参加した。政府はその少し前の「明治十四年の政変」のさい、明治二十三年の国会開設を「公約」していた。筆頭参議（後に首相）の伊藤博文や外務卿（後に外務大臣）の井上馨らは、国会開設で改正の承認が必要となり、交渉の足かせになることを恐れ、それまでの決着を急いだのだ。

特に改正問題の責任者だった井上は海外留学の経験もあり、日本人が欧米人と変わらないように「進化」していることを見せつけ、交渉を有利に運ぼうと鹿鳴館を建設、夜な夜な欧米の外交官を招きパーティーを催した。中でも『舞踏会』や『鹿鳴館』に描かれた明治十九年十一月三日、明治天皇の誕生日（天長節）の祝賀の宴はちょうどこの年の五月に始まった改正の本会議の最中であり、約千六百人が出席したという。

その効果もあってか、この条約改正会議では曲折を経たものの、翌二十年には特に領事裁判制度の撤廃で合意、裁判管轄条約を結ぶことになった。だが、この条文の中に日本の政府や在野から反発を招く項目があり、国内が紛糾する。

ひとつは外国人を裁くため日本が法律を新たに編纂、相手国に「通告」するとあったが、欧米側は通告には相手国による「審査」も含まれるとした。これでは日本の立法権への介入と受け取られたのだ。もうひとつは外国人を裁くために、外国の判事、検事を雇用するとしたことである。

政府内から反対を唱えたのは司法大臣、山田顕義、農商務大臣、谷干城らだった。特に谷は井上の「欧化」政策を激しく批判、条約改正は国会開設まで待つべきだとした。谷の批判をきっかけに、在野の新聞などから「欧化で列強に媚びて条約改正にあたっている」との攻撃も増した。

井上は二十年七月に出した意見書で「西欧列強の植民地が拡大する中、日本を存続させるには日本を外国人に開放、『活発有為』の国民を育成し欧州的な新しい帝国を造るしかない」と反論、外国人の判事、検事の採用も日本の現状では止むを得ないとした。

だが、井上の若いときからの盟友である首相の伊藤は現実政治家らしく、国内の分裂を避けるため外国人による裁判の受託に反対、井上はついに改正会議の中断に追い込まれ、九月に外相を辞任する。条約改正は明治二十七年（一八九四）、当時の外相、陸奥宗光がイギリスと対等に結んだ「日英通商航海条約」まで待たねばならなかった。

鹿鳴館はその後、社交場としてではなく華族会館として使用され、欧化政策は一気に「悪玉」にされた。しかし、鹿鳴館を通じ日本人が西欧について学び、欧米人が日本の多くを学んだことは、条約改正ばかりか、その後の日本の地位向上に大きな力となったことは間違いない。井上の「日本を存続させるには……」の論にも一理あったのである。

㉑「知育偏重」への危機感から教育勅語

昭和二十三年（一九四八）六月、国会は衆参両院で教育勅語（教育に関する勅語）の廃止ないし失効を確認する決議を行った。前年五月に施行された日本国憲法の「主権在民」にそぐわないとの理由からだった。これにより日本は明治二十三年（一八九〇）以来、教育の精神的支えとなっていた勅語を失う。

日本政府は「新憲法と矛盾はない」として教育勅語を存続させたい意向だったが、「廃止」「失効」に追い込まれたのは、その成立過程や意味に全く無理解であり誤解していた占領軍の強い圧力によるものだった。

海後宗臣氏の『教育勅語成立史の研究』（海後宗臣著作集第十巻）などによれば、勅語制定の端緒は明治十二年（一八七九）、明治天皇が自らの教育に対する考えを「教学聖旨」の形で政府に示されたことにあった。

実際には天皇の侍講（講義する側近）である儒学者の元田永孚《ながざね》が書いたという聖旨は、教育の現状に「明治維新のはじめ、陋習を破り、西洋の良いところを学び、文明開化の実を挙げたことは良いが反面、仁義忠孝を後にし、いたずらに洋風を競うような状況になった」と憂慮を示した。そのうえで「まず日本人が立脚すべき道徳の根本を教えるべきだ」と提言した。

この「憂慮」は明治天皇おひとりのものではなかった。維新以来、教育界でも西洋への留学帰りが幅をきかせ、外国語や西洋技術を学ぶことで出世を求める「西洋かぶれ」の若者に、保守派の知識人たちは危惧を抱いていたのだ。

それでも政府内には「西洋列強と対峙するためには止むを得ない」とする空気が強かったが、明治二十三年になり今の県知事会議にあたる地方官会議が声をあげる。「徳育涵養の義につき建議」を採択、徳育に関する教科書を作ることなどを榎本武揚文部大臣に求めたのだ。

天皇も再び腰を上げられる。この年から天皇も時により閣議に出席されていたらしいが、その閣議の席で山県有朋首相や榎本に対し「徳育に関する箴言（金言）を編纂し子供たちに教えたらどうか」と提案されたという。このことは榎本の後継文相となった芳川顕正の回想だけに見られ真偽は定かでないが、何らかのサジェスチョンがあったことは間違いないだろう。

山県はその必要性を認め、戊辰戦争の武将で徳育に関心を示さない榎本に代え芳川を起用、芳川はサミュエル・スマイルズのベストセラー『西国立志編』の訳者としても知られる中村正直に文部省案の策定を依頼した。だが中村の草案は「天」に重点を置いたキリスト教色の強いものだった。
「文部省案」を受け取った山県は、法令を審査する権限を持つ法制局長官の井上毅に諮問したが、井上はただちに山県に書簡を送り「廃棄」を求めた。憲法制定にあたって『古事記』など古典を徹底して読み、日本の「国体」を学んだ井上にはとても甘受できなかったからだ。そこで山県は井上に対し政府案をまとめるよう要請する。

井上は草案を練るにあたって①教育勅語は他の政事上の勅語とは異なり、「社会上の君主の著作公告」として作成されるべき②「神」や「天」の言葉を使わない③哲学上の理論は避ける――など七つの原則を設けた。日本は、天皇が国民を温かく見守る「しらす」国だったという井上の考えからだった。つまり、上から押しつけるのではなく、天皇の御心がにじみ出たものであり、政治上や宗派間の争い、哲学論争からも超越したものであるべきだとしたのだ。

井上は二十三年の六月末、最初の草案を作り郷里・熊本の先輩である元田に意見を求めた。天皇の裁可を得るためには、天皇の信頼が厚かった元田の理解が欠かせないとみたからだ。実は元田もひそかに自ら儒教色の強い案を作成していたが、井上の草案を見せられ自案を廃棄したと言われる。

その後二人は十数回にわたり書簡を交換、修正を繰り返し、九月には井上の第一草案に近い形で政府案の原案が完成した。さらに閣議などでの議論を経て明治天皇に上奏、十月三十日に首相や文相に下賜された。そして全国津々浦々の学校で奉読され、ややもすれば科学技術中心の知育偏重が指摘される中、それに歯止めをかける役割を担ってきた。

その中身（170頁参照）は、日本の教育が歴代天皇と国民がともに作り上げてきたこの国の美風に基づくものだとし、守るべき「徳目」を挙げる。その上で「知識を学び技術を習得するとともに、社会公共のために尽くし、一旦国に事ある場合は義勇をもって奉仕しなければなりません」と呼び掛ける。きわめて格調高い文章となっていた。このうち「父母ニ孝ニ兄弟ニ友ニ夫婦相和シ朋友相信シ」とした「徳目」の項目について戦後、『孟子』の「五倫」そのもので、儒教倫理を押し付けているとの批判があった。しかし「五倫」の「君臣ニ義アリ」を省くなど、儒教そのものではなく近代的考えも加味、井上の当初の指針通り、特定の宗教にも思想にも依らない「普遍的な徳」を説いており、批判は当たらない。

それよりも、現代にも共通する「教育の危機」を明治という時代が如何に乗り越えようとしたかに注目すべきだろう。

㉒ロシアへの脅威と大津事件

大日本帝国憲法の発布で近代的立憲国家の道を歩み出したばかりの日本を震え上がらせる事件が起きた。明治二十四年(一八九一)五月十一日、来日中のロシア皇太子、ニコライ親王が津田三蔵という警備の警察官に斬りつけられ傷を負ったのである。

後世この「大津事件」をめぐっては、大審院長だった児島惟謙が「津田を死刑に」という政府の圧力をはねのけ「司法の独立」を守ったことだけが美談っぽく評価される。その一方で皇太子が来日した当時の国際情勢や日本人が持っていた危機感についていて語られることは少ない。

ニコライ皇太子は前年の十月、首都ペテルブルクを出発、アドリア海のトリエステからロシア軍艦に乗り海路、極東のウラジオストクに向かった。その途中、日本政府の強い要請を受けて日本に立ち寄ったのだが、本来の目的はウラジオストクで行われるシベリア鉄道の起工式への臨席だった。

シベリア鉄道はロシアのモスクワとウラジオストクとを結ぶ大動脈である。このうち、ウラル山脈以東のシベリア横断部分はこの一八九一年、ウラジオストクとチェリヤビンスクの東西二方向から建設が始められることになっていた。ロシアにとってシベリア開発や東方進出に欠かせない国家的大事業で、起工式にわざわざ皇太子を派遣したのだ。

だが日本にしてみれば、この鉄道は「脅威」以外の何ものでもなかった。当時のロシアは欧米列強の中でも最大、最強の軍事力を誇っていた。シベリア鉄道の開通で大量の兵力が極東に送り込まれれば、満洲や朝鮮半島ばかりでなく日本もたちまち危機にさらされることは明らかだった。

政府は次の皇帝となるニコライ皇太子を東京にまで招き、歓待することで日本がロシアによる侵略や植民地化のターゲットとなるのを避けようとしたのだ。ところが途中、京都や琵琶湖観光中に起きた事件はこうした目論見を無にしたばかりではなかった。幸い皇太子の傷は浅かったものの、政府はロシア側が領土の割譲や賠償金を求める報復にでることを恐れ、震え上がった。

発生当日の夜、外務大臣の青木周蔵、内務大臣の西郷従道が二年前に全線開通したばかりの東海道線の汽車で皇太子が療養する京都に向かい、翌朝には明治天皇も臨時列車を仕立てて行幸される。国中をあげて陳謝とお見舞いの気持ちを表し、予定通り東京訪問を実現させるためだった。

これに対し皇太子側は当初、日本側の「誠意」をくみ東京行きを表明し、賠償も求めないことを示唆していた。ところが数日後、突然これをひるがえし、十九日には神戸から軍艦に乗り日本を後にしてしまった。ロシアの駐日公使シェービッチが東京訪問で再度不祥事が起きれば自らの地位が危うくなるため、強力にキャンセルを主張したためとされる。

それでもロシアの報復に対する日本政府の恐怖はおさまらず、神戸港で天皇がお別れの午餐に招かれロシア軍艦に出向かれたときには、天皇がそのまま連れ去られるのを危惧する声もあったほどだ。また、犯人の津田の処罰について、政府は児島に対し、天皇、皇后、皇太子といった皇族に危害を加えた者を罰する皇室罪を適用、死刑にするよう求めた。だが児島は、皇室罪はロシアの皇太子襲撃には適用されないとし、大津地裁に大審院の判事を派遣した上で、一般の刑法を適用、無期徒刑とした。

このため、児島は「護法の神」とまで礼賛されるが、これに対し異論を唱えたのが国際法の大家、田岡良一である。著書『大津事件の再評価』で、事件前シェービッチが青木に対し万一の場合の犯人の死刑を求め、青木もこれを了承していたとし、いわば国際的「合意」ができていた以上、日本の司法当局はこれに拘束されるというのだった。そうであるなら、明らかな国益よりも法の順守を優先させていいのかという今日的司法の問題点も浮上してくる。

もうひとつ、政府が死刑を強く望んだのは、国民の間にあった風説を抑える必要があったからだ。実はニコライ皇太子の来日をめぐっては「単に友好のためではなく、いずれロシアが日本を攻めてくるときのため偵察にきている」といった噂が流布していた。さらに尾ひれがついて、西南戦争で自死した西郷隆盛が実は生きてロシアに渡っており、復讐のため皇太子に同行しているという「珍説」まであった。西南戦争に従軍した経験のある津田はこうした噂を信じ、悲憤にかられ皇太子を襲ったとされた。政府としては津田を厳罰にしなければ、誤った風説や恐怖を取り除けないと考えたのだ。

いずれにせよ、当時の政府や国民の国際情勢への敏感さや危機感は「平和ボケ」とされる現代日本人とは比べ物にならないほど強烈だった。そしてこの危機感を背景に、富国強兵や対ロ外交を進め、わずか十数年後には日露戦争でロシアに打ち勝つまでに「成長」を果たすのである。

㉓福沢諭吉の「脱亜論」と朝鮮への危機感

話は「鹿鳴館時代」に戻る。明治十八年（一八八五）三月十六日、「時事新報」に掲載された「脱亜論」という福沢諭吉による論文が注目を浴びた。時事新報は明治十五年、福沢自身が創刊した新聞である。

「脱亜論」は、まず日本について「国土は亜細亜《アジア》の東辺に在りと雖《いえど》も、その国民の精神は既に亜細亜の固陋《ころう》を脱して西洋の文明に移りたり」と宣言して、福沢の持論である文明化に胸を張る。その返す刀で隣国の支那（清国）と朝鮮とを槍玉にあげ「古風旧慣に恋々するの情は百千年の古《いにしえ》に異ならず」と「文明」を拒否する姿勢を批判する。

その上で西洋からは日支朝三国が時に同一視されるとして、日本が支那、朝鮮と同様に「無法律の国」や科学のなにものかを知らぬ「陰陽五行の国」と思われてしまう。だから我は心に於いて「亜細亜東方の悪友を謝絶するものなり」と精神面で両国との「絶交」を言い渡したのである。

福沢は言うまでもなく開明的な啓蒙家であり、明治の思想界をリードしてきた。それだけにこの過激なまでの「反清国」「反朝鮮」の論は、「アジアはひとつ」という日本の大アジア主義者の反発を招いた。さらに今日では、日本のアジア蔑視や大陸への「侵略」姿勢を示すものとして非難されることも多い。

だが、それは現在から見たあまりに表面的な批判といえる。実は「脱亜論」は、その三カ月余り前の明治十七年十二月、朝鮮で起きた「甲申事変」というクーデターとその失敗に対する絶望感から書かれたことは明らかだからだ。

当時の朝鮮（李氏朝鮮）は高宗国王の妃、閔妃《ミンピ》を中心にしたその一族による「閔氏政権」が実権を握っていた。政権は一応、開国・近代化政策をとっていたが、あくまでも宗主国の清国との関係を大切にし、日本との関係改善には消極的だった。

これに対し早く近代化をなしとげた日本に学ぶことを必要とする金玉均ら若手官僚らは独立党を結成、開化派を名乗っていた。特に金玉均は二度にわたって来日、いずれも三田にあった福沢諭吉の家に居候する形で、練兵場や小中学校など日本の近代化の現状を視察するとともに、福沢に紹介されて大隈重信や井上馨ら要人とも付き合い、朝鮮の近代化の必要性を確信する。

二度目の日本訪問から帰った後、ついに力づくによる「改革」を決意する。背景にはそれまで金玉均らに冷たかった在朝鮮日本公使、竹添進一郎が支援する態度に転換したことがあったとされる。

明治十七年十二月四日夜、金玉均ら独立党のメンバーと日本兵が、当時王宮として使われていた昌徳宮に突入、閔氏政権の要人たちを殺害した。翌五日には高宗国王を奉じて新政権の樹立を宣言、六日には開明的な新政策を発表してクーデターは成功したかに見えた。この間、竹添は国王を守るという名目で日本兵を率い王宮に入っていた。

しかし六日になって、二年前閔氏政権の要請で旧軍兵士らの反乱（壬午の軍乱）を鎮圧して以来、朝鮮に駐屯していた袁世凱の清国軍が攻撃に出る。クーデターを容認していたという国王を取り戻し、クーデターは文字通り「三日天下」に終わった。金玉均は仁川から海路日本に逃れ、今度は亡命生活を余儀なくされることになる。

福沢はそれまで、日本は「隣国の開明を待ってともにアジアを興すべきだ」と考えていた。日本、清、朝鮮の三国が一緒に近代化を果たさなければ西洋列強に対抗できないと考えたのである。このため、クーデター計画がととのった後、朝鮮にいる福沢の弟子、井上角五郎を通じて必要な武器などを金玉均に送ったという（呉善花氏『韓国併合への道　完全版』）。

ところがその失敗で、朝鮮がいつまでも宗主国の清から離れられず、日本と一緒になっての近代化などできそうもないことがわかり、「脱亜論」を書くにいたったのである。

一方、明治政府も福沢とほぼ同じ考えだった。特に政府の場合、大陸と陸続きにある朝鮮が清からはっきりした独立を果たせないままでいれば、早晩、清やその背後にいるロシアの支配下に入る。そうなればたちまち隣国日本の安全が脅かされるという危機感を抱いていたのだ。

このため、明治九年（一八七六）に日朝修好条規を結んで開国させて以来、何かと干渉して近代化を求めてきた。甲申事変のときの日本の外務卿だった井上馨がひそかに福沢に金玉均への支援を求めていたとされるのも、その危機感のゆえだった。だが、クーデターは失敗に終わった。日本と清は十八年四月、天津条約を結び、互いに朝鮮から兵をひき、次に兵を出す場合は事前通告することを決める。これを機に清国はますます朝鮮への介入を強める。

その一方で朝鮮はロシアへの傾斜も強めるが、そのロシアは前述のように明治二十四年、シベリア鉄道の全線開通に向け着工した。日本の半島への危機意識は最高潮にまで達し、何としても清の勢力を半島から排除し朝鮮の「独立」を実現させようと、清と全面対決する覚悟を固めていく。

㉔明治天皇が示された対清戦への決意

明治二十七年（一八九四）九月十五日、明治天皇は広島に行幸された。広島市内の広島城に設けられた日清戦争の「大本営」に入られるためだった。戦時中の最高統帥機関である大本営は開戦前の六月、東京に設置された。しかし、戦争が本格化するとともに、大量の兵士を戦場に送り込む宇品港を抱える広島に「進出」したのである。

むろん、天皇は直接戦争の指揮をとられるわけではない。だが作戦や兵員配置などで報告を受け、兵士や銃後の国民の士気を鼓舞するため、自ら大本営に向かわれたのだ。新しい政治体制となって初の対外戦争であり、明治天皇としても心に期するところがあられたに違いない。

その後、日本の勝利でほぼ決着がつくまで半年以上、この大本営に寝泊まりされた。冬になり側近が天皇の部屋にストーブをつけようとすると「戦地に暖房はあるのか」とお許しにならなかったという。

日本と清国との間に衝突が起きたのはまたも朝鮮をめぐってだった。日本は前述の通り、開化派が起こしたクーデター、甲申事変（明治十七年）を事実上支援するなどして、朝鮮の清からの完全な独立や近代化を促してきた。そうしなければ朝鮮半島が清やロシアなど大国の手に落ち、日本の安全が脅かされるという危機感からだった。

明治二十三年（一八九〇）十一月二十五日開会した第一回帝国議会で施政方針演説をした三代目首相、山県有朋は、日本の独立自衛のため「利益線」を保護すると述べた。「利益線」が朝鮮を指すことは当時、誰にでも理解できた。日本の自衛のため朝鮮を死守することを国の最大の方針としたのだ。

その約三年余りのちの明治二十七年初め、朝鮮南西部の全羅道（当時）で「東学党の乱」が起きた。東学は一八六〇年に生まれた新興宗教で、「日本と西洋を斥けて朝鮮の大義達成」という教義を唱え、農民層に浸透していた。

二月、その東学党を中心に農民が徴税方法に反発して「一揆」を起こしたのだが、過激な攘夷思想にかられて蜂起は全羅道全域に広がる。五月三十一日には道都、全州を陥落させた。長年「武」を軽視してきた李氏朝鮮（李朝）の閔氏政権にこれを鎮圧する力はなく、清にこれを依頼した。

これを受けて清の軍事、外交を担当していた李鴻章は歩兵二千と山砲八門を軍艦に乗せ、朝鮮半島西岸の牙山に送り込む。一方、甲申事変後の天津条約にもとづき、清から通報を受けた日本も素早く動いた。六月二日の閣議で邦人保護の名目で混成一個旅団の派遣を決め、六日にはうち千人が朝鮮の仁川に向け出陣した。

邦人保護のためだけで一個旅団とは立派すぎる陣容だったが、日本政府には甲甲事変のあと、多くの日本人が殺害された記憶が残っていた。またこのクーデター後日本に亡命していた甲甲事変のリーダー、金玉均が上海におびき出されたうえ李朝政府に惨殺されたことで世論が反発、強硬な対朝鮮策を求めたこともあった。六月五日にはもう大本営を設置しており、この機会に一戦を交え朝鮮から清の勢力を一掃しようとの意図もあったと言える。

だが、こうした日清両国の動きを恐れた東学党など反乱軍は十一日、李朝政府と「和約」し、あっさり撤収した。

このため清は日本にともに撤兵することを提案したが、日本は逆に清と共同で朝鮮の「内政改革」にあたろうと提案する。朝鮮の改革が進まない限り同じような出兵をせざるを得ないという理屈で、実現するまで撤兵しないというのが日本政府の方針だった。

当然のごとく清がこれを拒否すると、日本軍は仁川から朝鮮の首都漢城（現ソウル）南方の龍山にまで進出、圧力をかけながら、李朝政府に「清国軍に撤兵を求める」

ことなどの「最後通牒」をつきつけた。

李朝政府はこれに回答しなかったため、日本軍は七月二十三日未明、龍山の軍を当時の王宮だった景福宮に突入させた。李朝政府を牛耳っていた閔氏一族を王宮から追放、さらに高宗国王に対し父親の大院君に国王の政務を委ねるよう要請、その上で大院君の「委任」という形で、牙山に残留していた三千の清国軍攻撃に向かい、これを平壌にまで敗走させた。

このように手の込んだ作戦で戦いを仕掛けたのは、戦争はあくまで朝鮮の独立をはかるためで、朝鮮と戦うのではなく、清が日朝の「共通の敵」であるという大義名分を通すためだった。

さらに二十五日早朝には、朝鮮半島西岸の豊島沖で日本海軍の三隻の巡洋艦が清国海軍の二隻の軍艦と遭遇、砲撃戦の末、一隻を逃亡させ一隻を降伏に追い込んだ。さらに東郷平八郎大佐（後元帥）率いる巡洋艦「浪速」が千人以上の清国兵を乗せた英国籍のチャーター船を沈め、ここに日清戦争の火ぶたが切られる。

両国が正式に宣戦布告したのは八月一日だったが、その前の序盤戦は早くも日本軍の「完勝」に近かった。

㉕「国民」が昂揚していった戦争

明治二十八年（一八九五）三月三日、俳人、正岡子規は東京の新橋駅から汽車に乗り西へ向かった。広島の宇品港から日清戦争の戦場に近い遼東半島の大連に行くためだった。

子規は帝国大学文科大学国文科に在学中に結核を患い退学、明治二十五年秋、叔父、加藤恒忠の親友、陸羯南《くがかつなん》に拾われ、羯南が社長をつとめる新聞「日本」の記者となる。郷里の松山から母や妹を東京に呼びよせた。

その二年後の二十七年、日清戦争が始まった。松山時代の友人である秋山真之やその兄、秋山好古がそれぞれ海軍、陸軍の軍人として戦地に赴き、新聞「日本」からも同僚が従軍記者として大陸に渡っていった。

こうした中、子規は何度も従軍記者になることを希望するが、羯南は許さない。むろん子規の体を心配したからである。しかし、二十八年になり戦場が拡大、従軍記者の補充が必要になったのと、子規のあまりもの熱意に折れ、大陸行きを認めたのである。

司馬遼太郎氏は子規や秋山兄弟を中心に「明治」を描いた『坂の上の雲』で次の

ように書く。

「日本人のほとんどは、どう考えても自分たちにかちめはないとおもっていた。血相を変えてとびかかってみたところが、意外にも連戦連勝してしまっていることにすっかり度をうしない、有史以来かつてない国民的昂奮というものを体験した」

「対外戦争という、この国家と民族が最初にやりつつあるそのなかで…かれだけは病身で仲間からはずされたようであり…自分だけが置きさられているということがたえがたかった」

思いがけないほどの勝利で、国民が一体となって盛り上がっている。その中に子規も身を置きたかったというのだ。

事実、戦況は日本にとって予想以上に順調に推移していた。明治二十七年八月一日宣戦布告した後、九月十六日には平壌を攻略、朝鮮から清国軍を一掃した。翌十七日、今度は海軍が「黄海の海戦」で清が誇る北洋水師（艦隊）を破る。さらに十月になると、陸軍の第一軍が朝鮮半島から鴨緑江を突破して満洲に攻め込んだ。十一月には第二軍が遼東半島に上陸、北洋水師が拠点としていた旅順をあっさり落とした。

翌二十八年早々、今度は山東半島突端の要衝、威海衛を攻める。「黄海の海戦」

で制海権を失った北洋水師が残る艦をこの港に結集させていたからだ。日本は陸軍が背後から攻めて砲台を奪う一方、海軍は表から水雷で攻撃、主力艦の「定遠」などに大打撃を与えた。そして二月十二日には北洋水師を率いる丁汝昌提督が降伏を表明してしまった。

このため清の心臓部と言える直隷地方（現在の河北省）が、いわば「丸裸」で攻撃にさらされることになり、清は急遽「休戦」を求めた。三月十九日、北洋大臣の李鴻章が来日し、山口県下関で日本の全権、伊藤博文との講和交渉が始まり、四月十七日の下関条約により戦争は日本の完勝で終わった。

つまり正岡子規が大連に着いたときは、もう決着がついており、子規は戦場跡を見て回っただけで帰国せざるを得なかった。

それはともかく、清に日本が圧勝したことには世界中が驚いた。日本は開国以来近代化に成功していたとはいえ、相手は「眠れる獅子」と西欧列強から一目置かれていた東洋の大国である。海軍の軍事力ひとつをとっても、清が「定遠」「鎮遠」という七千トン級の最新鋭装甲砲塔艦二隻を有していたのに対し、三千～四千トン級の巡洋艦が中心だった。誰もが清が勝つと信じていた。

それでも日本が勝つことができたのは、すぐれた戦術もあったが、何よりもその

「士気」の高さだった。

四半世紀ほど前に、天皇中心の中央集権の国に生まれ変わったばかりの日本は、廃藩置県や四民平等、国民皆兵、学制発布などの改革を進め、憲法を制定、国会開設も果たした。そうした改革を通じ、日本人はそれまでなかった「国民」としての意識を持ち始めていた。

「藩閥」などに対する不満は一部に残っていたが、いざ清との戦争が始まると「自分の国」を守るために一人一人が陸で海で懸命に戦った。兵役についてない者も「銃後」でこれを支えたのだ。むろん大本営で国民を鼓舞される明治天皇のお姿もあり、士気は否応なしに高かった。

これに対し、清は大国とはいえ、すでに中国統一後二百五十年たっていた。英国とのアヘン戦争や国内の太平天国の乱などで国力は衰えつつあった。当然、人々の「国民」意識は弱く、戦争でも兵士たちがあっさりと砲台を捨てて逃げたり、海軍では兵たちが艦長に銃をつきつけ降伏を迫ったりするありさまだった。

司馬氏は『坂の上の雲』で、この戦争をこう総括している。

「老朽しきった秩序（清国）と、新生したばかりの秩序（日本）とのあいだでおこなわれた大規模な実験というような性格をもっていた」

㉖三国干渉に臥薪嘗胆を期す

明治二十八年（一八九五）四月十七日、日本と清国は山口県下関市の「春帆楼」での講和会議を終え、下関条約を結んだ。清が①朝鮮の独立を認める②日本に対し遼東半島と台湾を割譲する③二億両（テール、当時の日本円で三億円）の賠償金を払う——の三点が柱だった。

中でも日本にとって大きかったのは遼東半島を得たことだった。満洲から渤海に突き出た半島は清の中枢部である直隷地方（現在の河北省）と朝鮮半島の両方に「にらみ」をきかす扇の要の位置にある。しかも半島の突端には天然の良港、旅順を抱えていた。

日本がここを押さえれば、清が再び朝鮮に進出したり、ロシアが支配したりすることを抑止できる。それだけに戦争が有利になった段階で日本の陸、海軍ばかりか政党すら早くもその割譲を求めていた。講和会議で全権の伊藤博文や外相、陸奥宗光も強く主張しており、結果は極めて満足できるものだった。

だが、その「満足感」も講和成立後、清側の批准を待たずして消えてしまう。六日後の二十三日、ロシア、フランス、ドイツの西欧三カ国の駐日公使が日本の外務省を訪れ「本国の意向」だとして遼東半島の放棄を求めてきたのだ。いわゆる三国干渉である。

日本の半島所有は「極東の永久平和に障害となる」との理由だったが、むろんそれは表向きである。極東進出という野望を隠さないロシアが朝鮮への影響力を強める日本を抑えるため、同じ大陸国として利害が重なるフランス、ドイツを誘って干渉したのだ。講和交渉で清の全権だった李鴻章がはじめからロシアと組み、干渉を期待していたとの見方も根強い。

むろん、力を背景にした理不尽な行動だが、こうした理不尽さは弱肉強食の帝国主義時代には日常茶飯事に近かった。事実ロシアは、その舌の根も乾かない三年後の明治三十一年（一八九八）には、旅順と隣の大連を租借、旅順に強固な要塞を築き、後の日露戦争で日本を苦しめている。

それだけに伊藤も陸奥も、少なくとも遼東半島所有については干渉がくることは予想していたという。それにもかかわらず割譲を求めたのは、国内世論が抑えられないと見たからだ。いったん割譲を得たうえで、第三国の干渉で放棄すれば、矛先をそちらに向けられる。その国民の怒りを追い風に軍事力を強化するというのが陸奥の周到な戦略だったとも言える。

政府は五月四日の閣議と大本営会議で受諾を決め、五月八日には講和条約の批准にこぎつけた。大国清と戦った直後だけに、ロシアなどとコトを起こすことはできないことは誰にでもわかっていたし、受け入れない場合、清が条約を批准しない恐れもあったからだ。

陸奥は外交の備忘録として書いた『蹇蹇録《けんけんろく》』の中で干渉受諾を「何人にもこれが過失を帰すべからず」と止むを得ない決定と断じた。その一方で列国の干渉は戦争中に何度もあったとし、そんな中で軍に後顧の憂いなく戦争をさせ、領土割譲、賠償までもっていけたのは幸運だっただけではないと戦争遂行の厳しさを振り返り、自らの外交への自負を示している。

それでも国民の政府への風当たりは強かった。当時進歩的なジャーナリスト、言論人として若者中心に人気のあった徳富蘇峰は、講和会議が終わったばかりの四月、この遼東半島を旅行した。ところが、旅順で三国干渉により半島を還付したと聞き「涙も出ない程口惜《くや》しく覚えた」という。

後に『蘇峰自伝』に「露西亜《ロシア》や独逸《ドイツ》や仏蘭西《フランス》が憎くは無かった。彼等の干渉に腰を折った、吾が外交当局者が憎かった」と書いた。そして旅順から帰るときには「一度は日本の領土となった記念」として波打ち際で小石や砂利を一握りハンカチに包んで持ち帰ったという。余談ながら蘇峰は、これを機に持論の「平民主義」を捨て、軍拡主義、国家主義へと変わってゆき、桂太郎ら政治家にも接近していく。

一方で、やはり著名なジャーナリストだった三宅雪嶺は新聞「日本」で「臥薪嘗胆」という言葉を使い「後日を期そう」と国民に呼びかけた。

「臥薪嘗胆《がしんしょうたん》」とは紀元前五世紀ごろの中国春秋時代の故事に基づく。越王勾践《こうせん》との戦いで命を落とした呉王闔廬《こうりょ》の子、夫差が薪の上に臥して（臥薪）、悔しさをかみしめやがて勾践を破った。すると今度は勾践が苦い肝を嘗めて（嘗胆）、復讐心を養い夫差に勝った。つまり悔しさをバネに再起を期す意味である。

当時、少しでも教育を受けた日本人はこの故事を知っていた。だから雪嶺の呼び掛けで国民の間にたちまち「臥薪嘗胆」の言葉が広がった。

こうした声を受け、政府は着々と軍備増強につとめ、来るべきロシアとの対決に備えたのである。まさに陸奥らの狙い通りだったし、明治日本は最初の厳しい試練を乗り切ったのだ。

㉗自らの国と同じ熱意で台湾を統治

明治二十八年（一八九五）四月の下関講和条約で、清国からの割譲が決まった台湾については、特に列強からの「干渉」もなく、正式に日本領となった。六月には早々と旧薩摩藩出身の海軍軍人、樺山資紀を台湾総督として送り込み、総督府を開いた。維新後、初めて得た海外の植民地だけにその統治に力こぶをつくったのは当然だが、初期は苦難の連続だった。

清から割譲を受けたといっても、台湾がはっきりと清の版図に入ったのは二百年ほど前の一六八三年のことだった。それまではオランダなど西欧の国に支配されたこともあった。

清の領土となった後、現在の福建省や広東省など大陸から移民が渡り、北部や西部の開発は進んだ。だが山地の多い東部はほとんど未開発のままで、先住民族の高山族など「まつろわぬ民」も多く残り、アヘンの悪習も残っていた。講和会議のさい清の李鴻章は伊藤博文に「貴国は台湾に手を焼くよ」と「忠告」したというが、もてあました領土を押しつけたという感もなくはなかった。

そんな台湾だけに日本が「さあ、これからは我々が統治する」と乗り込んでも、簡単に従うわけがなかった。

割譲決定とともに、日本の統治を阻止するため「台湾民主国」が結成され、劉永福将軍率いる清国人や高山族による民主国軍は、南部の台南などを拠点に日本に反旗を翻した。日本軍は初め派遣された近衛師団が掃討に当ったが、自然の地形を巧みに利用する劉将軍の戦術や、マラリアや赤痢にかかる兵士も多かったことから苦戦を強いられる。このため樺山は数次にわたって政府に増軍を要請、この年の十一月、ようやく平定する。

それでもゲリラ的な抵抗はおさまらない。翌明治二十九年の元日には、台北市内で台湾総督府の新年拝賀式に出ようとしていた日本人教師六人が、暴動に巻き込まれ殺害されるという事件が起きた。六人は統治が始まった直後に台湾に渡り、「柴《し》山巌《ざんがん》学堂」という学校を作り、台湾人の教育に乗り出したばかりだった。

むろんこの六人は純粋に教育への情熱にかられて台湾にきていたが、中には植民地で一旗揚げようとしてやってくる悪徳商人や、これと結託して私腹を肥やす総督府の役人、力ずくで原住民を抑え込もうとする軍人など日本人にも問題が多く、反発を増幅していた。

樺山、桂太郎に次いで陸軍第二師団長から三代目の総督となった乃木希典は「綱紀粛正」を打ち出し、「人民を徳に服させなければならない」と訓示したが、日本人官民の台湾人に対する傲慢な態度は改まらず、絶望した乃木は総督を辞任してしまう。

ようやく軌道に乗るのは、四代目の総督となった前陸軍省次官の児玉源太郎が総督府の民政局長（後に民政長官）に腹心ともいえる後藤新平を起用してからだ。内務省衛生局長などを務めた後藤は「比目魚《ヒラメ》の目」理論を打ち出す。「比目魚の目が片方に二つついているのは生物学上その必要があるからで、無理に鯛のように両方にひとつずつというわけにはいかない」というのだ。

つまり社会の習慣や制度ができた理由を無視して、文明国の文化、制度をおしつけても失敗すると、それまでの植民地統治へ疑問を呈したのだ。このため台湾全土で古い習慣などを調べる「旧慣調査」を行う。その結果、たとえば住民同士が互いに監視し合う「保甲」を利用した新たな警察制度を導入、日本人への反発を和らげるのに成功した。

その上で経済面では開拓事業や殖産事業を本格化させる。明治三十四年（一九〇一）には、当時の代表的国際人で農政学者の新渡戸稲造を総督府の殖産課長に招き、台湾の主力産業として期待されていた製糖業の改革にあたらせた。新渡戸はこれにこたえて培養法や製造法を改め、わずか数年で台湾の砂糖生産量を三倍に伸ばした（花井等氏『国際人新渡戸稲造』）。

また、明治四十三年（一九一〇）東京帝国大学土木工業科を卒業し、総督府土木課に勤務した八田與一は台湾南部、嘉南平野の灌漑事業に取り組む。この平野は台湾の全耕地面積の六分の一を占めていたが、雨季には集中豪雨の氾濫で耕地が流され、乾季は水不足で作物はほとんど取れなかった。

八田は平野を流れる官田渓という川の上流に巨大なダムを造ることを計画、これが総督府に認められ大正九年（一九二〇）に着工、さまざまな困難や事故を乗り越え、昭和五年（一九三〇）の完成にこぎつける。「烏山頭《うざんとう》水庫」と名付けられたダムとそこから流れる用水路は嘉南平野を沃野に変えた。

こうしたさまざまな取り組みは、次第に日本人への好意や敬意を生んでいった。八田は台湾で「父」とあがめられ、座像が建てられている。また殉職した六人の日本人教師たちもその後「六士先生」と称えられ、「芝山巌学堂」の流れを汲む小学校には六人を記念する墓が建てられている。

その好意は統治開始から百年以上経った今も変わらない。私利私欲にかられたものもいたとはいえ、自らの国と同じ熱意で国づくりに取り組んだ明治人たちのたまものだった。

㉘満洲に居座るロシアに正面抗議

日清戦争のころまで、清国は国際的には「眠れる獅子」と恐れられていた。だがこの戦争で、同じアジアの「新興国」日本に負け「もはや獅子ではない」と、すっかり見くびられてしまった。

見くびった側の西欧列強は、ハイエナのように老大国に群がり始める。日清戦争終結から二年後の明治三十年（一八九七）、ドイツが山東半島の付け根にあたる膠州湾を武力で制圧、湾岸の青島を手に入れる。英国も同半島突端の威海衛や香港島対岸の九龍、さらにフランスは広州湾をそれぞれ租借するといった具合だった。

ロシアにいたっては前述のように「東洋の恒久平和に障害を与える」と日本に圧力をかけ、清に還付させた遼東半島の大連、旅順の租借を認めさせる図々しさである。それもまた植民地競争の現実というしかなかった。

結果的にこの列強進出に拍車をかけるのが、明治三十三年（一九〇〇）に起きた「義和団事件」だった。義和団とはもともと迷信的な拳法集団だったが、民衆の反キリスト教感情と結びつき、山東省を中心に教会などを襲うようになる。キリスト教が列強進出の「先兵」だと思えたのだ。

この年になると「扶清滅洋（清を助け西洋を滅ぼす）」を掲げ、六月にはドイツの公使を殺害、二十万人が北京に入城し各国の公使街を包囲した。列強側は清に鎮圧を求めるが、西太后が実権を握る清政府は義和団の勢いを利用しようとしたのか、逆に列強に対し宣戦布告した。

このため独、英、仏三国に米国なども加えた欧米諸国は天津に兵を派遣、公使館街奪回に向かうが、各国軍の統制が取れず、義和団や清国軍にはね返されてしまう。そこで英国が中心となり地理的に最も近い日本に対し大軍の派兵を要請、日本もこれに応える形で陸軍の一個師団を送り込んだ。

八カ国に増えた天津の連合軍は最も統制のとれた日本軍の奮戦で、八月十四日には北京を陥落させ、閉じ込められていた各国の公使館員や居留民を解放した。そして各国とも清と協定を結び、天津、北京に駐屯軍を置いた。義和団の騒動はまたもや清にとって裏目と出たのである。

日本軍の派兵について当時の陸相、桂太郎は「将来列国の伴侶となるための保険料」と考えていたが、はからずも増派で義和団鎮圧の主力を担わされた。「保険料を転じて大株主の地位」に立ったようなもので、「日本が帝国主義クラブへの仲間入りを認められたことを意味していた」（千葉功氏『桂太郎』）。

だが、新たな「憂鬱」も生じた。またもやロシアである。「東方征圧」の意欲を隠さないこの大国は、清の弱体化とともに、満洲（現中国東北部）の地で傍若無人の動きを見せる。

まず、本来シベリアの地を迂回してウラジオストクへ向かうシベリア鉄道のショートカット路線として満洲北部を東西に走る東清鉄道と、その途中のハルビンから南へ遼東半島の大連・旅順に伸びる支線の建設を清に認めさせる。その旅順には強固な要塞と港を整備する。

義和団事件が起きると、国境を越えて満洲に大量の軍を送り込む。そして義和団が制圧された後も「東清鉄道を義和団から守る」として、そのまま居座りを決め込んだ。むろん各国が天津、北京に駐屯軍を置くために結んだ協定にはない「違法」の居座りだった。

しかも、義和団事件が終わって間もない明治三十三年十一月、十八項目からなる満洲に関する要求をまとめ、清に露清条約締結を迫った。①万里の長城以北の清国領土から諸外国の権限を排除する②満洲の防衛はロシア軍に委ねる③満洲内ではロシアの了承なしに清国官吏も警察官も任命できない——などだった。

あからさまに満洲を清から奪うものだった。さすがに清もこれには驚き「昨日の敵」の日本にロシアの要求内容を明かし「共闘」を求めた。日本にとっても驚愕だった。満洲は朝鮮半島と鴨緑江を挟んで「地続き」だったし、大連や旅順からも「目と鼻の先」にあった。

加えて朝鮮半島の韓国（李朝から国名を改称）政府は、国王の閔妃が日本人に殺害されたとして、反日・親露に大きく傾いていた。満洲に続いてロシアの支配下に入る恐れは一段と強まった。そうなると日本の存在は危うい。

発足したばかりの第四次伊藤博文内閣の外相、加藤高明は、ただちにロシア側に真意を確かめたうえ、英国とドイツに協力を求め抗議しようとする。しかし両国とも態度が煮え切れないため、閣議で単独抗議を決定する。

加藤は駐露公使の珍田捨巳を通じたり、直接電報を打ったりして外相のウラジーミル・ラムスドルフに抗議する。「日本の遼東半島占領に反対したロシアが、それより大きい満洲を占領するとは何事か」というのだった。ラムスドルフは当初の強気の態度を一転させ、露清条約を撤回する。

元タイ大使の岡崎久彦氏は『小村寿太郎とその時代』で大国ロシアへの正面からの抗議について、英国の学者ニッシュの言葉を借りながら「若い日本の『成人式』であった」と書く。だが、それでたじろぐロシアではなかった。

㉙英国の「変化」読み日英同盟

明治三十五年（一九〇二）三月十五日、ロンドンに留学していた夏目金之助（漱石）は東京の義父、中根重一宛に手紙を書いた。その中で一カ月半ほど前の一月三十日に結ばれた日英同盟に触れているところがある。

まず、この同盟に対する欧州の新聞の評論がようやく下火になった、と如何に注目されていたかを伝える。そのうえで当地の日本人の間で、同盟締結に尽くした駐英公使、林董《ただす》の労を謝し記念品を贈ることになった。自分も五円を出したが「留学費の中からの臨時支出は困る」とぼやく。

さらに、日本人が同盟締結に騒いでいるのは、貧乏な者が金持ちと縁組ができ、嬉しさのあまり金太鼓で村中を駆け回っているようなものだと皮肉っぽく論じている。たしかに同盟ひとつで浮かれすぎだという見方もあって当然だった。だが、当時の厳しい国際情勢の中で、乾坤一擲《けんこんいってき》日英同盟の道を選んだ明治人たちの決断は、十分評価されなければならない。

日本が英国との同盟を模索するようになったのは、明治三十三年の義和団事件前後からロシアが満州をほぼ手中におさめ、韓国（朝鮮国から国名を改称）をうかがい始めた頃からである。

当時の世界の二大強国と言えば、ロシアと英国だった。その片方の「横暴」を食い止めるには、もう片方と手を結ぶしかないという考え方である。だが当時の英国は「名誉ある孤立」を守り、どことも同盟を結んでいなかった。しかも日本は東洋の「小国」であり、相手にしてもらえるわけがないと政治家や外交官も思いこんでいた。

それが意外なところで具体的に動き出す。駐英公使の林と英国の植民地相、チェンバレンに対し、ドイツの駐英代理公使のエッカルトシュタインが「英独日同盟でロシアに対抗しないか」と「耳打ち」した。後にこれは代理公使の私的な構想で、ドイツ本国は全くその気がないことがわかるが、逆に英国は「英日」に意欲を見せ始めた。

英国もロシアが東洋で勢力を増せば、自らの植民地であるインドまで危うくなるという危機感を持っていた。しかも東洋における海軍の総トン数を比較するとロシアとその同盟国フランスとの総計は英国を上回ってきた。そのバランスを取り戻すためには、三国干渉以来「臥薪嘗胆」で毎年、ほぼ倍々ゲームで海軍力を増している日本と組むのも悪くないと考えだしたのだ。

この間、旧幕臣で日本外交きっての英語使いとされた林は英外相、ランズダウンらと折衝を進め、十一月の英政府閣議では日英同盟への賛成が多数を占めた。このことを国王に報告した首相、ソールズベリーは「これが孤立の終わりである」と語ったという（岡崎久彦氏『小村寿太郎とその時代』）。

問題は逆に日本の国内だった。明治三十四年（一九〇一）六月、首相は伊藤博文からひと世代下の桂太郎に代わり、外相にも若い小村寿太郎（実際の就任は九月）が起用されていた。桂も小村も対ロシア強硬派で、日英同盟推進派だったが、政権内では伊藤をはじめ山県有朋、井上馨、松方正義という四人の元老が依然、発言力を維持していた。

このうち伊藤、井上は一貫してロシアとの「協調」を唱え、英国との同盟にはきわめて慎重だった。伊藤はこの年の秋、米国の大学に招かれたのを機に米国から西欧を回りロシアに向かった。その途次電報で桂に「自分がロシアと協議して、その結論が出るまで日英同盟の結論を待ってほしい」と要請した。

だが、桂や小村は待たなかった。伊藤がロシア入りしたちょうどその時期の十二月七日、神奈川県葉山の桂の別荘で伊藤以外の元老らを集めて会議を開いた。この席で小村は歴史的と言われる意見書を提出する。

まず現状について「ロシアは満洲に鉄道を守る駐兵権を持っているので、いったん撤兵しても必ず満洲を占領する。そうなると韓国もまた自らを守ることはできない」と、満韓一体で危機に陥っていると述べた。その上で英国とロシアを比較、「英国の目的は現状維持と通商利益であり、ロシアは侵略主義なので、ロシアとの平和は一時的であり、英国との平和の方が永続的だ」とし、日英同盟を選ぶよう強調した。その迫力に押されるように元老たちは何の異論もなく、締結を認めた。

同盟の内容は締結後の明治三十五年二月十二日に発表された。①英国の清国における、日本の清国・韓国における利権のため共同行動する②日英いずれかが利益保護のため第三国と交戦する場合、もう一国は厳正中立を守る――が中心だった。日本が後に第三国、ロシアと戦ったとき、この同盟が力強く働いたことは言うまでもない。

小村は宮崎県の旧飫肥藩の出身で、十代で明治維新を迎えている。「国粋主義者」と言われるほど愛国心にあふれており、外相に指名されたとき周囲から「桂内閣は軽量で短命だからやめた方がいい」と忠告されたが「六カ月でもいい。やりたいことがある」と言い切り、対露政策を進めた。明治が生んだ愛国者が明治を救ったと言えなくもない。

㉚寒地での戦いに備え雪中行軍

明治三十五年（一九〇二）年一月下旬、日本列島とりわけ北日本は猛烈な寒波に襲われていた。北海道の旭川で二十五日に観測された氷点下四十一度は今まで、日本の最低気温の記録として残ってきた。

その寒波が続く一月二十三日朝、陸軍歩兵第五連隊の雪中行軍隊二百十人が青森市の駐屯地を出た。すぐ南にそびえる八甲田山の東麓を通り、南東に約五十キロの三本木（現十和田市）までを、三日間で踏破するのが目的だった。

山麓に入ると猛烈な吹雪が行軍隊を襲う。ほとんど前も見えない状態で道に迷った。二日目青森に帰ることを決断するが、深い雪と寒さで隊員は次々と倒れ凍死していく。異変に気付いた第五連隊は二十六日から救助隊を送り、十七人を救助した。だが、うち五人は収容先の病院で死亡、編成外として随行していた大隊長（少佐）は自決、行軍隊の指揮をとった神成文吉大尉以下百九十九人が亡くなるという、日本の山岳遭難史上最悪の悲劇となった。

この雪中行軍は第五連隊が所属する第八師団の意向を受けて計画された。実は第五連隊だけでなく、同じ青森県の弘前に駐屯する歩兵第三十一連隊も同時期、雪中行軍を行っていた。師団司令部が両連隊に競わせたのだ。

第三十一連隊の行軍は弘前から十和田湖畔を通り三本木へ、そこからは第五連隊と逆のコースで青森に抜けるコースだった。こちらは三十八人の小編成で二十日に出発、九日後に全員無事青森に到着した。八甲田山麓ではやはり猛吹雪に遭ったが、雪道をよく知る地元民を案内人につけたり、途中無理をせず予定外の宿泊をしたりしたことが「成功」につながった。

これに対し第五連隊の場合、案内人をつけなかったことや、随行のはずの大隊長が直接命令を下すなどで指揮系統が乱れ、引き返しの決断が遅れたことなどが挙げられた。だが記録的ともいえる寒さの中、行軍を決行したことに最大の原因があったと言える。

このため遭難が伝えられるや、当時の世論の批判は「無謀な計画をした」として第五連隊や第八師団に向けられた。遺体収容などが終了したあと、第五連隊長の津川謙光大佐や、日清戦争などで名将として知られた第八師団長、立見《たつみ》尚文中将はそれぞれ進退伺いを出すが、不問に付される。想定外の寒さや雪ということもあったが、当時の軍中央がこの行軍の「目的」に理解を示していたからだろう。「目的」とは来るべきロシアとの戦争に備えることだった。

この事件を扱った新田次郎氏の小説『八甲田山死の彷徨』や、戦後、青森に司令部がある陸上自衛隊第九師団が当時の資料を精査した『陸奥の吹雪』によれば、第八師団は日露戦争を次のように想定していた。

一朝事が起きた場合、ロシア艦隊が津軽海峡および青森県の陸奥湾を封鎖、艦砲射撃などで鉄道や道路を攻撃してくる恐れがある。これに対抗して青森平野と三八（三本木と八戸）地区の連絡を保ち、兵力を動かして反撃するには八甲田山麓の道を利用するしかない。特にそれが冬季であれば、雪中を動くしかないだろう。さらに日露が戦うとなれば、満洲（現中国東北部）が戦場となる可能性が強く、そこは冬季、厳寒の地となる。それに備えて日本軍は寒さの中の戦い方や装備が必要となる。それがある程度の危険を覚悟してまで、雪中行軍に踏み切った理由だった。

行軍はそれまでにも何度か計画され、小規模に行われてもきていたが、明治三十三年の義和団事件以来ロシアが満洲に居座ったことで日露の戦争が現実のものとして考えられるようになった。軍人だけでなく日本中の国民が、どう備えるかを真剣に考え始めていたのだ。

実際にその二年後に火ぶたが切られた戦争では、日本海軍がロシアの旅順艦隊の封じ込めに成功、またバルト海から大西洋、インド洋を回ってきたバルチック艦隊は対馬海峡で日本艦隊に待ち伏せされ壊滅した。しかし、そのバルチック艦隊はかなりの確率で津軽海峡を通ることも予想されていただけに、第八師団がそれに備えて訓練をしたのは十分に意味あることだった。

さらに雪中行軍のとき、ほとんどが木と藁による「かんじき」か普通の軍靴だったという装備の面では事件後、陸軍省が設けた「遭難事件取調委員会」が改良を強く具申、認められた。また、予想される戦争を前に、軍隊や国民の士気を落とさないよう、生き残りの兵卒や遺族には十分な慰労を行い、関係者の処分も行わなかった。

そして明治三十八年一月、想定通り酷寒のもと戦われた奉天（現瀋陽）南西の黒溝台の会戦には、寒さに強い立見の第八師団が投入された。この戦いで、津川大佐や雪中行軍を経験した将校らは、まるであの悪夢を払拭するかのように獅子奮迅の戦いを見せ、秋山好古率いる騎兵中心の支隊をロシアの大軍の包囲から救出、満洲での戦勝に貢献したのだった。

たしかに遭難事件は二度と起こしてはならない惨劇だ。だがその裏に、日露戦に向けた「決意」が秘められていたことも忘れてはならない。

㉛国益前提に開戦・非戦論争

明治中期から後期に人気を博した日刊紙に『万朝報《よろずちょうほう》』があった。都新聞から独立した小説家でジャーナリストの黒岩涙香《るいこう》によって創刊された。当初は黒岩の探偵小説などで部数を増やしたが、その後、キリスト者の内村鑑三、社会主義者の幸徳秋水、堺利彦が入社、読者層を「左」にも広げ、東京ではナンバーワンの部数を誇っていた。

明治三十六年（一九〇三）十月八日、その『万朝報』に「戦いは避くべからざるか」と題した黒岩の論文が掲載された。「戦い」とは言うまでもなくロシアとの戦争である。黒岩は「自分は熱心な平和希望者だが、もはや戦いは避けられない情勢である。それなら全国民の戦いとして心を一つにすべきだ」と書いた。まずは穏やかな開戦論と言ってよかった。

だが『万朝報』ではそれまで内村、幸徳、堺が中心となり「開戦反対」の論陣を張っていた。それだけに「開戦」への転向に読者からの批判もあり、内村ら三人はそろって退社する。

『万朝報』だけではなくこの時期、他の新聞、雑誌も「戦うべき」「避けるべき」で、激しい議論を展開していた。それほど日露関係は緊迫していた。

きっかけはむろんロシアの満洲への居座りだったが、日本が最も恐れていた朝鮮半島への進出も現実味を帯びてきていた。この年の五月上旬、満洲と韓国との国境、鴨緑江の河口付近の韓国領、竜岩浦でロシア軍が建築工事などを始めたとの情報が駐韓日本公使館の駐在武官らから報告されてきた。

ロシア側によれば、日清戦争直後にロシアの商人が韓国から得た森林開発の権利にもとづくものだという。だが日本側の調べではロシア宮廷も出資、しかも軍服を脱いだ在満のロシア軍人が工事などに携わっている「国家による進出」であるとわかる。日本国内にはロシアへの恐怖と「ロシア討つべし」の世論が高まっていく。

これを受け陸軍も五月十二日、大山巌参謀総長から明治天皇への上聞書の形で「韓国にして彼（ロシア）の勢力下に置かるるに至らば、帝国の国防亦《また》安全ならざるべし」と強く危機感を訴えた。

だが、政府はあくまで慎重だった。六月二十三日、天皇の臨席を仰いだ御前会議では、なお「満韓交換論」でロシアと交渉を続けることを決める。「満韓交換論」とは、清国と韓国の独立を維持することを前提に日本は韓国の、ロシアは満洲の利益をそれぞれ保護するため、一時的出兵を含む必要な措置をとることを認め合うというものだ。九月から外相の小村寿太郎と駐日ロシア公使、ローゼンとの間で交渉が本格化した。

だがロシアは強気で、満韓交換に加え朝鮮半島の北部、たとえば北緯三十九度以北を「中立地帯」にしようと提案する。だが、これは「北部はくれ」と言っているに等しく、日本としては受け入れられない。交渉は膠着した。新聞や雑誌を通じての議論が激しさを増したのはこの時期である。

「開戦か否か」の議論とはいえ、あくまで「国益」を前提とし、しかもその議論により、日本人が団結心を失ってはいけないという点では一致していた。「非戦論」の内村鑑三も退社する十月十二日の『万朝報』に「日露開戦に同意することを以って、日本国の滅亡に同意することと確信致し候」と書き、国益のためであることを強調した。さらに「さりとて国民挙って開戦と決する以上は、これに反対するは情として小生の忍ぶあたわざる所」とし、そのために退社するのだと述べている。

一方、内村らを送り出した黒岩涙香も翌十三日の新聞で、次のような例えを示し、決して戦いを好むのではないと力説する。

「ここに夫婦喧嘩をしている家があり、賊がそのすきに家に忍び込み、財産をかすめ取ろうとした。夫婦は喧嘩をやめ力を一にしてこれと戦った。これは家を思う至情なのか、戦いを好むものなのか」

国の安全を思うどころか、ただ政権の足を引っ張るためにだけ、安保法制をはじめとする政策に反対してやまない、今日の野党や一部のマスコミ、学者とは百八十度も違う論戦だった。

この間も日露の交渉は進展せず、十二月三十日には陸海軍の合同首脳会議で開戦した場合の初期の軍事行動が決定された。年が明けて明治三十七年（一九〇四）一月十二日の御前会議では、もう一度日本側の主張を示しこれに対しロシア側の回答が不満足だったり、遅れたりしたら軍事行動にうつることを決める。さらにその後、ロシアの旅順艦隊に不穏な動きがあるとの情報ももたらされ、二月四日正式に開戦が決まった。

むろん世界の強国、ロシアと戦うのである。政府や軍の首脳たちには当然、躊躇もあった。ただ、ロシアがシベリア鉄道で大量の兵員を送り込むのに時間がかかり、緒戦には勝てるのではとの楽観論や、国民世論の圧倒的支持に後押しされたことは間違いない。

㉜勝利呼びこんだ「歴戦の雄」たち

明治三十七年（一九〇四）二月十日、宣戦布告された日露戦争の陸での主戦場はロシア軍が居座る満洲（現中国東北部）だった。その満洲に最初に攻め込んだのは陸軍大将、黒木為楨《ためもと》を軍司令官とする第一軍だった。

第一軍は仙台の第二、小倉の第十二、それに近衛という三つの師団で対露戦争を戦うため真っ先に編成されていた。開戦直後、海軍がロシア艦隊を旅順に封じ込め、黄海の制海権を得たのに乗じ三月初めには第十二師団が韓国の仁川に上陸、ついで第二、近衛師団が平壌に近い鎮南浦から北上、四月二十日前後には満洲と朝鮮半島を分ける鴨緑江南岸の義州に着いた。

対岸の満洲側には大量のロシア軍が横長に配置され、その主力は九連城という古城に、ベトン（コンクリート）で固めた陣地を築き、第一軍の渡河を阻止しようとしていた。だが黒木軍は五月一日早朝、わずか一、二時間ほどで渡河に成功、九連城を陥落させた。ロシア軍は大挙北に退却する。

中州が多く、その中州に小高い山まであるという複雑な地形をたくみに利用、後方から砲撃で援護しながら、鉄舟や徒歩であっという間に広い鴨緑江を越えたのだ。

軍には欧米から多数の観戦武官が同行していたが、「渡河できても数日かかるだろう」と見ていた彼らを驚愕させる勝利だった。

この陸の緒戦での圧勝は、この後の戦争に多大な影響を与えた。ひとつは言うまでもなく日本軍に大きな自信を与え、逆にロシア軍に恐怖を抱かせたことである。ふたつ目は数日後に予定されていた第二軍の遼東半島上陸を容易にしたことだった。

だが、もっと大きかったのは戦費調達への効果だった。日本政府は膨大な戦費をまかなうため海外で戦時外債を発行していたが、相手が世界の強国ロシアとあって当初、見向きもされていなかった。ところが、最初の戦いでの圧勝が海外で大きく報じられると、たちまち人気を呼び、調達を楽にしたという。

第一軍はこの後、ロシア軍を追うように北上する。途中、弓張嶺という山岳地では、第二師団が師団ごと夜、密かに高い崖を登って山上のロシア軍の陣地に夜襲をかけ、撃退した。

さらに八月末から九月初めの「遼陽の会戦」では日本軍の最右翼に陣取り、ここでも電撃的に太子河という大河を渡り、ロシア軍の側面に出た。これにあわてたロシアの満洲軍総司令官、アレクセイ・クロパトキンは戦力の多くを第一軍に向けさせた。この間に日本軍中央の第二、第四軍が遼陽に突入、ロシア軍をさらに後退させた。第一軍の連戦連勝ぶりに黒木はロシアで「クロキンスキー」と恐れられたという。

その黒木は天保十五年（一八四四）薩摩の生まれで、西郷隆盛、大久保利通、東郷平八郎、大山巌らと同じ加治屋町で育った。鳥羽・伏見の戦いに始まる戊辰戦争や西南戦争で政府軍として戦い、日清戦争にも従軍した「歴戦の雄」である。戦争の最中、畑で昼寝をしていたと言われる豪胆さと、戦いの流れを読む怜悧さを併せ持つ「戦上手」を参謀総長（後に満洲軍総司令官）の大山に認められ、先陣役を任せられたのだ。

黒木ばかりではない。ともに満洲での野戦を戦った第二軍の奥保鞏《やすかた》、第三軍の乃木希典、第四軍の野津道貫という軍司令官たち（いずれも大将）、それに満洲軍総司令官の大山、総参謀長の児玉源太郎らもこぞって戊辰戦争、西南戦争、日清戦争の戦火をくぐってきた「猛者」たちだった。

特に豊前小倉藩出身の奥や薩摩藩の野津は黒木と同様、敵の攻撃に少しもたじろがずに前進する勇猛果敢と「戦上手」で知られた。彼らが戦いを指導することで、部下の将校や兵卒たちも安心して従ったと言われる。また、乃木は旅順陥落に手間取り、非難を浴びたこともあったが、高潔な人柄で知られ、これまた部下の信頼が厚く、後に浪花節で語り継がれるほど国民からも人気を得ていた。

大山や児玉はこうした経験豊かな野戦派の将軍を軍司令官に登用するとともに、第一軍の藤井茂太ら陸軍士官学校出身で、西欧への留学などにより近代兵法を身につけた俊才をそれぞれの軍の参謀長につけた。

こうして編成された第一～第四軍に、新たな鴨緑江軍（川村景明軍司令官）を加えた満洲軍は明治三十八年（一九〇五）一月には真冬の奉天（現瀋陽）に結集、二月二十三日から一大決戦に臨み、三月十日、ロシア軍を満洲北部にまで敗走させることに成功した。

むろん勝利の陰には、ロシアの総司令官、クロパトキンの首尾一貫しない指揮ぶりや、これにともなうロシア軍の士気低下、天候など数々の幸運もあった。日本国内から物心両面にわたる強い支援も受けた。それでもやはりこれだけの強国に勝てたのは、国を守るため何事も恐れぬ司令官たちの強い意思とそれに従った兵士たちの戦いぶりによると言っていい。

明治天皇はこうした飾り気のない野戦派の軍人たちを好み、頼りにされていたと言われるが、彼らの存在は明治日本にとって幸運であり、奇跡であった。

㉝「切腹」も覚悟で強い海軍つくる

明治三十八年（一九〇五）五月二十七日未明、哨戒中の仮装巡洋艦から「敵艦見ゆ」との無電を受けた日本の連合艦隊は、ただちに韓国南部の鎮海湾を出航、対馬海峡に向かった。バルト海から巡航してきたロシアのバルチック艦隊を迎え撃つためである。先頭の旗艦「三笠」では司令長官、東郷平八郎が指揮をとっていた。

連合艦隊は丁字型に敵の進行方向を抑える戦法をとり、圧倒的優勢にたった。翌二十八日夕までの戦いでロシア艦三十八隻のうち戦艦六隻など十九隻を沈め、十三隻を捕獲ないし武装解除するという大打撃を与えた。これに対し日本が失ったのは水雷艇三隻だけで、史上希な一方的勝利となった。

ロシアはすでに旅順艦隊も連合艦隊の攻撃でその機能を失っており、この日本海海戦は、日露戦争の勝利を決定づけることになった。

圧勝の理由としては、日本海軍の鍛えられた砲術や東郷ら首脳たちの決断、長旅によるバルチック艦隊の疲労や士気の低下なども挙げられた。だがもうひとつ、旗艦「三笠」の誕生秘話にも勝因が隠されていた。

ちょうど十年前の明治二十八年、日清戦争で手に入れた遼東半島をロシアなどの三国干渉で返還を余儀なくされた日本は「臥薪嘗胆」を掲げ、官民あげて欧米列強に負けない強国を目指した。

海軍大臣西郷従道はこの年の六月、海軍省軍務局長の山本権兵衛を呼び、艦艇の整備、人員の養成、鎮守府（軍港に置かれた海軍の軍政機関）などに関する方針および計画を立案するよう命じた。日清戦争に勝利したとはいえ、当時の海軍は三千～四千トン級の巡洋艦しか持たず、すでに一万トン以上の軍艦を持ちつつあった列強にくらべ脆弱なものだった。これをロシアに負けない強力な海軍に作り変えよという指示だった。

山本はほとんど一人で研究、調査した結果、主戦艦隊を甲鉄戦艦（硬い鋼板で装甲された戦艦）六隻と大型の一等巡洋艦六隻で編成（いわゆる六・六艦隊）すべきだとするなどの答申を行った。西郷はこれを受け入れ、当面「敷島型」といわれる一万五千トン級の戦艦四隻を建造するという海軍の大拡張計画を伊藤博文内閣の閣議で承認させた。

他の艦艇の建造費や軍港の整備費などを含め総経費は二億一千万円余りで、翌明治二十九年度国家予算の一・四倍にあたる巨額だった。だが日清戦争で清国から得た賠償金三億円余りを使うということで強引に乗り切ったのだ。

ところが、山本が海軍大臣になっていた明治三十一年（一八九八）、この海軍大拡充は早くも頓挫しかける。「敷島型」の四艦目として「三笠」の建造を英国の造船会社に発注したが、すでに予算を使い果たしており手付金も払えなくなったのだ。困った山本は当時、内務大臣に転じていた西郷に相談した。西郷は「それは払わなければならないから、他の予算を流用すれば良い。それが違法だとして国会で追及されたら、あなたと私が二重橋前へ行き腹を切りましょう。二人が死んで艦ができればそれでいい」と「助言」したという。

これで「三笠」は無事に進水した。これほどの財政負担を覚悟で海軍の大拡充をしたことが、日本海海戦の奇跡的大勝利につながったのである。

山本は薩摩藩出身で戊辰戦争に参加した後、西郷隆盛の勧めもあって海軍に入った。海軍官僚として注目されたのは、日清戦争前の明治二十六年（一八九三）、海軍省主事として軍の大幅な「整理」を行ってからだ。

当時の海軍は薩摩出身者、それも維新で武功を立てた者が高給を食んでいた。しかし、新しい軍艦の運用や構造などは全く知らない「無能」な人物も多い。「これでは清国との戦はできない」と将官八人、佐官・尉官八十九人の計九十七人を一気にリストラ、海軍兵学校出身者ら有能な若手に代えてしまった。

当時、山本の階級は大佐にすぎなかった。それで上級の将官、それも薩摩の先輩たちの首を切ったのだから、反発は強かった。だが、ここでも理解を示し山本を支えたのは、海軍大臣で隆盛の弟の西郷従道だった。

さらに日露戦争開戦が現実のものとなりつつあった明治三十六年十月、海軍大臣として常備艦隊（後に連合艦隊に編成替え）の司令長官を日高壮之丞から東郷に代えた。日高も東郷も山本と同じ薩摩藩出身だったが、日高は明治二年、山本と一緒に海軍操練所に入った「同期生」であり親友だった。しかも勇気があり頭も良く、東郷よりも優れた軍人との定評があった。

にもかかわらず、いったん東郷から日高に代えていた司令長官を開戦直前に元に戻した。山本は「日高は頭が良いだけに、自分で決めると他人の言うことを聞かない。それでは国が一体となっての戦いには勝てない」と判断、無骨な東郷を選んだのだと言われる。

山本はそのため「日本海海戦の陰の最大功労者」とも「日本海軍の父」などと言われる。それは西郷従道や大山巌、乃木希典らと同様、私情よりも国を守る心を優先させるという明治人の気概に裏打ちされていた。

㉞女性教師が命がけで敵情さぐる

日露開戦を間近にしていた明治三十六年（一九〇三）十二月、一人の若い日本人女性が清国の北京から内蒙古（現中国内モンゴル自治区）のカラチン（喀喇沁）に向け出発した。

女性は長野県出身の河原（後に結婚して一宮）操子である。当時二十八歳だった。操子は東京女子高等師範学校を卒業、明治三十五年から上海で清の女性の教育にあたっていたが、この年の十一月北京の駐清公使、内田康哉から依頼を受ける。カラチンに新設される女学校の教師をしてほしいというのだ。

カラチンは日本の県ほどの規模の地域で、歴史的にモンゴル人の王が支配していた。現在の王、王妃が親日家で、内田に日本人教師の派遣を求めてきたのだ。操子に異存はなかったが、内田はもうひとつ驚くような任務を付け加えてきた。「日露はいずれ戦火を交えるだろうが、そのさいカラチンの裏面で働く女性が必要だ」という。つまり情報収集にあたってほしいということだった。

カラチンは北京の北東約三百キロ、内蒙古を南北に貫く熱河街道の南端にある交通の要衝だった。ハルビンから奉天（瀋陽）、大連と続く東清鉄道支線を満洲の表通りとすれば、その裏街道にあたった。日露の関係が険しくなるにつれ、ロシア軍がカラチンを拠点に、馬賊と結んでこの地域を支配、満洲での日本との戦いに備えようと動いていた。

その情報が少しでもほしい内田らにとって「女性教師を」というカラチン王の申し出は「渡りに舟」だったのだ。しかも、女性であれば怪しまれる恐れも少ない。操子は臆することなく「国家の為に尽くすべき千載一遇の好機」として引き受けたのである。

だが九日間、カゴに揺られて着いたカラチン王府にいるはずだった兵隊教育のための日本の軍人はすでに引き揚げており、操子はたった一人の日本人として迎え入れられた。しかも、操子が後にそのときの経験を書いた『蒙古土産』によれば王と王妃の親日は変わらないものの、その重臣たちはことごとく親露派となっていた。

操子は単身「敵地」に潜伏したようなものだったが、いざとなったら「見事自刃せん覚悟にて、入蒙の際父より送られし懐剣を寸時も放さず」表裏双方の任務にあたったという。

翌明治三十七年二月いよいよ開戦となると、カラチンにはイギリス人、フランス人などと国籍を偽り、銀行員や毛皮商人などに化けたロシアの軍人たちがしきりと出没するようになる。操子はそうした状況に加え、ロシアが金品を渡すまでして巧みに親露化工作を行っていること、それでも王は自分が日朝関係などを説明するとこれを受け入れ、親日に留まっていることなどを逐一手紙に記し北京まで報告した。

こうした操子の活動が日露戦後に明らかになると、新聞や雑誌は「女スパイ」「女間諜」などと書きたてた。操子は『蒙古土産』で、変装するなどして相手の秘密を探り出すような「スパイ」ではなかったと否定したうえで「日本にとって不利を認められるやうな事を見聞きした際は決して報告を怠りませんでした」と書いている。

もう一点、操子の役割に日本の特別任務班との連絡もあった。特別任務班は明治三十六年十一月、青木宣純陸軍大佐を長として結成された。諜報活動やロシア同様馬賊を味方に引き入れての後方撹乱を任務とし、特に熱河街道などを北上し東清鉄道を爆破することなどを狙っていた。

その途次カラチンに立ち寄ることが多く、操子は北京の本部との連絡役もつとめたのだが、三十七年二月二十八日にはラマ僧などに扮した十二人の特別任務班員がカラチン王府に入った。その中の一人は操子の長野師範女子部時代の恩師の三男、脇光三だった。

脇は清の天津新聞社に勤めた後、特別任務班に飛び込んだのだ。二人は邂逅を喜んだが、脇はその後、満洲北部チチハル近くのヤール河に架かる東清鉄道の鉄橋爆破に失敗、四月に壮絶な死を遂げる。

日露戦争での諜報・謀略活動としては開戦前、ロシア公使館付武官として巨額の金を使い、不平分子の反政府運動を扇動しロシア政府を混乱に陥らせた明石元二郎が有名である。

だが、満洲や内蒙古、それに朝鮮などでも命がけで情報収集や後方撹乱を行い、特に開戦直前のロシアに関する情報は膨大で、勝因のひとつにもなった。「情報戦で負けた」ともいわれる後の大東亜戦争との違いだった。

しかも、この活動には河原操子のような女性や脇のような民間人も少なからず加わっていた。操子は『蒙古土産』に明治人の気概をこう記す。

「私の愛国心が特に強かつた為でもなく、日本婦人であるなら誰でも、この様な国家非常の際に、御国にとつて大切な役目を申付られましたら、一身の安危など考へて躊躇することはないでせうと存じます」

㉟「国は潰さぬ」と苦悩の講和

明治三十八年（一九〇五）七月二十日過ぎのことである。外相、小村寿太郎一行を乗せた列車が米国北部の山岳部の小さな駅に停車した。小村は米国東部で開かれることになった日露戦争の講和会議で日本の首席全権をつとめるため、シアトルから大北鉄道でニューヨークに向かっていたのだ。小村らがふと窓外に目をやると、日本人らしい男五人が日の丸を持って立っている。デッキに出て尋ねると、十数キロ離れた森林で働いている日本からの移民で、小村らが講和のため通ると聞き夜通し歩いてきたのだという。小村は「達者で働いてくれ」と声をかけたが、その目は潤んでいた。

随行していた小村の秘書官の本多熊太郎が著書『魂の外交』に書き残した逸話である。強気の外交官として知られた小村も、祖国を憂うる移民たちの気持ちと、これからの講和交渉の困難さを思い、胸がつまったのだろう。

日本政府は日本海海戦で圧勝した四日後の明治三十八年六月一日、早くも米大統領、セオドア・ルーズベルトに講和の斡旋《あっせん》を依頼した。それまでの戦いでは勝利していたとはいえ、陸軍の潜在能力ではロシアに劣り、これ以上戦争を続ければ不利になることは明らかだったからだ。「米国の斡旋による講和」も開戦前から描いていた戦略で、開戦直後、ルーズベルトと大学の同級生で親友の貴族院議員、金子堅太郎を米国に送り込み、大統領らと頻繁に接触させていたのだ。

ルーズベルトの斡旋を初め拒否していたロシア皇帝、ニコライ二世も六月中旬には応じ、日本の希望通り米国のワシントンで交渉することになった。全権に指名され、七月八日横浜を出発した小村らを、大勢の市民たちが日の丸を振り万歳を叫んで送り出した。だが、小村の心は重かった。

ニコライ二世が講和交渉に応じたのは、ロシア国内に反戦の世論が広がり、それが反政府運動になるのを恐れたためだった。それだけに、ロシア側が簡単に日本の要求を飲むとは考えられず、国民が求めるような「収穫」は期待できなかったからだ。随員の中には「帰国した時に、馬鹿野郎の罵声ですめばいい方だろう」と恐れる者もいたし、元老の伊藤博文は小村に「君が帰国した時には、他人はどうであろうと私は必ず出迎えに行く」と、悲壮なはなむけの言葉を贈った。

果たして八月九日、猛暑のワシントンを避け北東岸のポーツマスで始まった交渉は難航した。日本側が「絶対的必要条件」とした①韓国におけるロシアの権益を撤回、日本が指導、保護、監理する権利の承認②日露両軍の満洲からの撤兵③清国からロシアへの遼東半島租借権の日本への譲渡④満洲南部にロシアが敷設した鉄道の譲渡――の四点については比較的簡単に妥結した。

問題は賠償金の支払いと樺太（サハリン）の割譲だった。ロシアの首席全権である元蔵相、セルゲイ・ウィッテはロシアでは講和推進派だったが、本国の方針に従って両方をかたくなに拒否、宿泊先のホテルの勘定をすませ、席を蹴って帰国する姿勢を見せた。

一方の小村も妥協せず、同じくポーツマスを離れようとした。しかし首相の桂太郎は電報で交渉継続を指示、ロシア側も折れて急転直下、樺太を日本が得る代わりに賠償金は断念することで妥協が成立した。両国は九月五日、ポーツマス講和条約に調印した。

だが案の定、日本国内の反発は激しかった。条約締結と同じ九月五日には日比谷公園で講和に反対する国民大会が開かれ、参加者の一部が暴徒化し内務大臣官邸や警察署、それに多くの交番を次々に焼き打ちしていった。小村の外相官邸や斡旋した米国の公使館も襲われた。「勝ったのに一銭も取れないとはなにごとか」というわけだが、その怒りには無理からぬ面もあった。

この戦争は先の日清戦争同様、プロの軍人たちだけが戦ったのではなかった。全国から多くの若者が徴兵され満洲の広野に渡り、命を落とした者も多かった。「銃後」でも、河原操子のように命がけでロシアの情報を入手した女性もいた。満洲で兵士が寒さと戦うため商社が毛布の提供を呼びかけると、あっという間に大きな倉庫三棟がいっぱいになるほど集まった（谷寿夫『機密日露戦史』）。国民みんなの戦いだった。何より日清戦争後の三国干渉以来、海軍を中心とする軍拡と戦費調達のための重税に耐え抜いた納税者こそ、最大の勝利者と言ってもよかった。「もう少し喜んでもいいだろう」という気持ちになったのも当然だったのだ。

だが、政府や軍首脳にしてみれば、大国ロシアとの戦いで日本の国力は軍事的にも経済的にも限界に達しており、とてもこれ以上戦える状態にはなかった。こうした中で、戦争の最大の「目的」だった満洲や韓国からロシアの勢力を放逐し、日本の安全を保障することができたのは、これ以上望めない戦争の終わらせ方だったとも言える。

むろん、社会主義革命の嵐が迫りつつあったロシア国内の事情によるところも大きかったが、譲る所は譲ってもせっかくつくったこの国を滅びさせないという明治人たちの強い意志があった。

㊱「三四郎」が見た新しくて古い明治

夏目漱石（金之助）は明治三十八年（一九〇五）一月号の「ホトトギス」に『吾輩は猫である』を書き、小説家としての本格的スタートを切った。日露戦争で難攻不落だった旅順を陥落させ、日本中が昂揚していた頃である。

その後東京帝国大学を辞めて朝日新聞社に入社、明治四十一年九月一日から「東京朝日」「大阪朝日」に『三四郎』の連載を始めた。主人公の小川三四郎が大学に入るため夏の盛りに九州から上京、冬休みで帰省するまでを現実社会とほぼ同時進行的に描いた小説だ。だから日露戦争勝利後三年、いまだ昂揚したような明治後期の日本が漱石の目にどう映っていたかがわかる。

冒頭、三四郎は七年前に全線開通した山陽線から東海道線を乗り継ぎ、汽車で東京に向かうのだが、浜松駅に停車中、ホームを歩く男女の西洋人を見かける。女は上下とも真っ白な着物で「大変美くしい」と感じた。

三四郎が見とれていると、隣に座っている男が「西洋人は美くしいですね」と話しかける。後に東京で再会する高等学校教師の「広田先生」である。広田は「御互は憐れだなあ」「いくら日露戦争に勝つて一等国になつても駄目ですね」と言い、熊本の高等学校を出たばかりの三四郎を驚かせる。さらに富士山に触れ「あれより外に自慢できるものは何もない」と言い切る。

確かに日露戦争に勝ち西欧列強の仲間入りをし、多くの日本人は自らに自信を持ち始めていた。だが、英国に留学し、文化の落差に悩んだ漱石にしてみれば、「一等国」を自負するには大きな抵抗があったのだろう。

だが三四郎は東京で、嫌というほど「一等国」ぶりを見せつけられる。初めて見る電車がちんちん鳴るのに驚かされ、丸の内の開発ぶりに目を見張る。すべての物が破壊されつつあるように、またすべての物が建設されつつあるように見えた。三四郎の自信は「この驚きとともに四割方減却した」という。

岩波書店『漱石全集』の「注解」によれば、明治四十一年当時の丸の内には東京府庁舎や東京商工会議所などの洋風煉瓦建築が立ち並び、中央停車場（東京駅）の基礎工事も始まっていた。日露戦争の終結で軍拡が一休みとなった日本、中でも首都東京は猛烈な勢いで近代化の道を走っていたのだ。

一方大学では、お雇い教師らしい西洋人が英語で文学について講義し、学生たちは洋食屋や喫茶店などにたむろする。田舎の知り合いの従兄として紹介された理科大学の野々宮宗八は、暗い穴倉で当時世界の最先端の「光の圧力」について研究している。また、野々宮や広田、それに大学で知り合った佐々木与次郎や才媛の里見美禰子らが集まると、きまって西洋の文学や絵画についての会話が交わされる。

　ここでも西洋化・近代化の波は顕著だったのだ。三四郎はふと、田舎の母親やその周囲の人々によって醸し出される世界を「凡てが平穏である代わりに凡てが寝坊《ねぼ》気《け》ている」と思いやる。

　女性もそうだった。美禰子は自由、気ままな言動で三四郎や野々宮を翻弄する。キリスト教の教会にも通っているが、広田や与次郎は「あの女は落ち付いて居て、乱暴だ」「イブセンの女の様な所がある」と評する。「イブ《プ》センの女」とは、ノルウェーの作家イブセンの『人形の家』のノラのように自我に目覚めた女性のことだという。ノラはその結果、家も夫も子供も捨てることになる。美禰子は家を捨てることはなかった。だがこれも『漱石全集』の注解によれば、当時文学界に「イブセン会」ができていたという。「イブセンの女」も日本社会で受け入れられつつあったのかも知れない。三四郎もそうした女性に惹かれていったのだ。

　一説によれば、美禰子のモデルは女性解放運動で知られた平塚らいてう（らいちょう）だという。らいてうは『三四郎』が書かれた明治四十一年の三月、漱石の弟子の森田草平と出奔、栃木県で保護されているから、漱石の頭にそのイメージがあった可能性はある。

むろん漱石も三四郎も新しさや西洋化を無批判に受け入れていたわけではない。たとえば大学の講義に物足りなくなった三四郎を、与次郎が寄席に連れ出す。名人と言われた三代目柳家小さんの落語を聞かせ「彼と時を同じうして生きてゐる我々は大変な仕合せである」とその芸を絶賛する。

また広田先生の新しい借家を探している途中、古い寺の隣に青ペンキ塗の西洋館を建てているのを見た広田はこういう。「時代錯誤だ。日本の物質界も精神界も此《この》通りだ」

その広田の引越しの日、三四郎が雲を見て「あの白い雲はみんな雪の粉で、下から見てあの位に動く以上は颶《(台)》風以上の速度でなくてはならない」と野々宮の受け売りで「科学」知識をひけらかす。すると美禰子から「雪じゃ詰らないわね」「雲は雲でなくつちや不可《いけ》ないわ」と切り捨てられる有名なシーンもある。

近代化・西洋化と日本の伝統的価値観との相克と調和は、明治という時代を通じての日本の大きなテーマだった。

㊲国思う心にあふれた女性たち

時は遡るが、日清戦争が終わった明治二十八年（一八九五）、厳冬の富士山頂で気象観測を試みた若い夫婦がいた。気象学者の野中至と妻の千代子である。

野中は旧筑前藩出身の判事の子として生まれ、大学予備門を中退した後、ほとんど独学で気象学を学ぶ。その日本の気象学は明治八年、東京・赤坂に東京気象台が設置され本格的に始まった。開国したばかりの日本を敵国や大災害から守るためには、自前の気象観測や予報が必要と考えたからだ。だが、そのネックとなったのは上空の観測だった。現在でも気象解説でよく使われる上空千五百メートル以上の気温や風向きがわからないと、天気の急変を正確に予報できないのだ。

そこで野中は、高さ三千七百七十六メートルの富士山頂での観測を思い立つ。言うまでもなく飛行機などない時代である。まず明治二十八年二月、試みに冬季登山を行った後、気象台とも協力しながら山頂に観測小屋を設置、機材を運び込み、十月一日から単独での越冬観測を始めた。

一方、当時二十四歳の千代子は二歳の娘や義母らを抱えていた。野中からはその面倒を見るよう言われるが、観測の困難さを考え自分も山頂に登り手伝うべく密かに準備を進めた。そして娘を福岡の実家に預けた後、十月十二日には、夫の弟や地元の強力《ごうりき》たちに助けられながら登頂に成功する。野中の下山の「指示」も拒否し、夫婦だけでの観測を始めた。

時には氷点下二十度を下回る寒さや強風の中、二時間置きに気温や気圧を測るという過酷な作業だった。しかし、その寒さや風に加え、現在に比べればはるかに劣悪な装備、貧しい食事などもあって、二人とも急速に体力を奪われる。意識不明寸前にまで陥ったところを、激励のため上ってきた山麓の慰問隊によって発見され、救助隊に背負われ下山することになった。

しかし、野中夫妻の「勇気」は当時の新聞でも絶賛される。これがきっかけとなり、国や気象台も本格的に富士山頂での観測に力を入れるようになり、昭和初期の国営観測所の設立につながった。千代子は山頂に登ったときの心境を自らの『芙蓉日記』にこう記している。

「御国の為めと聞くならば、よしや御両親《ふたおや》に背くとも、兎にも角にも登山せばや。十年久しき御志是非に遂げさせ参らせでは叶ふまじ」

明治という時代は、江戸時代に比べてはるかに女性たちの活躍の場が広がった。女性が輝き始めていたとも言える。女子教育にあたった津田梅子や下田歌子、日露戦争下に「縁の下」で働いた河原操子、それに野中千代子らだ。彼女らは多かれ少なかれ「国のために」という意識に満ちあふれていた。『たけくらべ』『にごりえ』などで知られる作家の樋口一葉もそうだった。

一葉は貧乏から逃れるために小説を書き、師である半井桃水への恋心を抑えたなど「受け身の女性」のイメージが強い。だが、彼女が残した膨大な日記を読むと、日本の置かれた立場や政治、軍事に強い関心を持っていたことがわかる。

たとえば一葉二十歳の明治二十六年（一八九三）三月一日、ロシアの東方進出の実態を探るため、単騎シベリアを横断した福島安正陸軍少佐（当時）の消息が判然としないと新聞で報じられると「不安だ」と書く。そしてその十一日後、無事が確認されると「大変喜ばしく」と胸をなでおろし、六月には上野での「帰京歓迎会」に出席までしている。

中でも最も関心を抱いたのは、その前年の二十五年十一月に起きた千島艦事件である。軍艦「千島」が瀬戸内海で英国船と衝突、沈没して七十人余りが死亡した。非は英国船側にあったが、不平等条約の「治外法権」で日本の裁判所で裁くことができず、英国の法廷で損害賠償を求めるも、負けてしまった（後に和解）のだ。

一葉は日記の時々にその顚末《てんまつ》を記すとともに、二十六年七月五日には「我が国の裁判官や弁護士が相手（英国）を説き伏せてくれたら、どんなに嬉しいか」と英国側の横暴を嘆く。圧巻は十二月二日の日記である。

まず、日清戦争を前にした朝鮮半島情勢や、千島艦事件で我が国に道理がありながら英国に勝てなかったことなど、外交問題は多いと指摘、「不平等な条約は改正しなければならない」と言う。それなのに国内はといえば「互いに敵視しあい、議会では党派の争いで個人の利益ばかりを追い国家の利益を忘れている者が多い」（いずれも現代語訳）と、現代の政治にも通じるような胸のすく批判精神を披露する。

さらに「（英国の植民地となった）インドやエジプトの歴史を聞いても、（日本を思い）身が震え、心がわななくようである。例え物好きな女だとの噂がたち、後の世の人からあざけりを受けても、こうした時代に生まれ合わせた者として、何もしないで一生を終えていいのだろうか」（同）と悲憤慷慨《こうがい》するが、決して後の世のあざけりは受けなかった。

一葉は明治二十九年（一八九六）、肺結核のためわずか二十四年の生涯を閉じる。しかしこうした論評を読めば、天が一葉に後何年かの命を与えてくれていれば……と思いたくもなる。

㊳日本の良さに気づかせた外国人

後に帰化して日本人小泉八雲となるラフカディオ・ハーンは明治二十三年（一八九〇）四月四日、米国から横浜に降り立った。ギリシャ生まれで国籍は英国だった。米国では紀行作家として結構知られていたが、日本文化に造詣が深いハーパーズ・マガジン社の美術記者、ウィリアム・パトンと知り合ったことから、ハーパーズ社から派遣される形で日本にやってきたのだ。

だが、来日してすぐ日本に魅せられたハーンはハーパーズ社との契約を破棄、東京帝国大学教授のB・H・チェンバレンの紹介で、島根県の松江中学などで英語教師となる道を選んだ。松江に赴任したのはこの年の八月末、ハーン四十歳のときだった。

異文化の世界を探求したいというハーンに、松江は絶好の土地だった。まずここには出雲神話で知られる神々が息づいていた。ハーンはさっそく、船や人力車を乗り継ぎ出雲大社を訪れる。厳格なカトリック信者の大叔母に育てられたハーンにとって、「福の神」もいれば「貧乏神」もいる多神教の世界は極めて魅力的だった。また当時、日本中で鹿鳴館以来の欧化・近代化がまだ続いていたが、島根県知事、籠手田安定は逆に撃剣、槍など日本古来の武術を奨励するなど、伝統文化を重んじ復興させようとしていた。これもまた魅力たっぷりだった。

十一月三日は赴任後初の天長節だったが、ハーンは中学校で明治天皇の御真影に敬礼をした。するとその後、ハーンの家を訪ねた生徒の一人が「前の（外国人）先生はだいぶ違いました。その先生は、先生が信じている神以外に尊いものはなく、そのほかのものを尊ぶ人間は野蛮だと言っていた」と訴えた。

ハーンは真っ向から反論する。「そういう人の方が野蛮人なのだ。天皇を敬い、天皇の布かれた国法に従い……これは君の最高の社会的義務だと、わたしは思う」「祖先の神々を思い、国の宗教を尊ぶ……これは君の本分だとわたしは思う」。

ハーン自身が著書『日本瞥見記《べっけんき》』の中の「英語教師の日記」に書き残している逸話だが、見事なまでの日本理解である。

ハーンは松江でよき理解者・協力者となる小泉節子と結婚、余りもの寒さに耐えかね、わずか一年余りでこの地を後にして熊本に移るが、ハーンの言動は松江の人々に大きな感銘を与える一方、文学者ハーンも大きな収穫を得た。

その後、熊本から神戸、東京へと移り、五高や帝国大学で教鞭をとる一方、『耳なし芳一』といった伝説にもとづく怪談などを次々と発表、西欧に「日本」を発信していった。

特に大津波に襲われた村の庄屋が自分の田んぼの稲に火をつけ、祭りの準備で気付かない村人に危険を知らせ救ったという「稲むらの火」は、ハーンが神戸時代に聞いた話をもとにして書いた『生神』をアレンジした話である。戦前は教科書にも載っていた。必ずしも史実そのものではないが、「公」のため「私」を捨てる日本人の美徳をみごとに表現した話として、今も津波に対する警告とともに日本人に語り継がれている。

明治維新以来、日本政府は多くの欧米人を教師や教授として招き、欧米列強に追いつこうとした。その多くはハーンの松江での前任者のように、日本人を「野蛮人」と見下し、反発を買っていた。だが中にはハーンのように、日本の伝統や文化を正しく見出し、欧米だけでなく日本人にもその良さを教えるという外国人もいた。たとえばポルトガル人の作家、ヴェンセスラウ・デ・モラエスである。

モラエスは海軍軍人として来日した後、明治三十一年（一八九八）、神戸大阪のポルトガル領事館の領事事務取扱となった。ハーン同様、日本の自然や美風に魅せられ日本女性と結婚、帰化して亡くなるまで徳島で生活し、多くの著作を行い、母国で刊行し続けた。

モラエスが注目したのは日本の自然や風俗だけではなく、明治日本の力強さ、たくましさだった。初めて書いた日本論は明治三十年の『大日本《だいにっぽん》』だが、そこには自らの国を「大日本」と称し、伝統の精神を保持し、自尊心を失わない日清戦争前の日本人が描かれていた。そこに、かつての栄光を失った母国ポルトガルと対照的な「興隆する日本」を見ていたのだ。

特にモラエスは日本の軍隊を文明国で最も優れた軍隊とし、日本を好戦的とばかり見るのではなく、そうした美点に留意すべきだとしていたという（名越二荒之助『世界に生きる日本の心』）

また明治十七年（一八八四）以来六回も来日した米国の女性ジャーナリスト、E・R・シッドモアはワシントンのポトマック河畔に日本の桜を植えることを提案、実現させた。さらに日露戦争のさいの日本軍のロシア軍捕虜に対する人道的取り扱いを小説で紹介、米国人の日本人理解に大きな役割を果たした。

こうした日本を深く理解した外国人たちは、ともすれば自国の伝統や文化を見失い、誇りを忘れそうになる欧化や近代化に対し、歯止めをかける役割を果たしたと言える。

㊴西洋に対抗できた科学者たち

明治三十八年（一九〇五）の日露戦争終結から数年経た頃、物理学者の長岡半太郎をめぐって奇妙な「うわさ」がたった。「研究に夢中になりすぎ、日露戦争があったことを知らなかった」というのである。

ある作家が小説の中で「旅順陥落も日本海大海戦も知らなかった科学者がいた」と書いたところ、それが長岡ではないかということになって一人歩き、昭和になってまでこれを信じ「非社会的」と長岡を非難する者もいた。

長岡は当時すでに、原子構造の仮説として「土星型原子模型」を発表、世界的にも認められる日本の物理学の第一人者だった。超俗的な研究態度で、後輩や弟子たちへの厳しい指導でも知られており、そうしたことへの嫉妬心も手伝い、「うわさ」の主となったらしい。

だがこれは真っ赤なウソだった。板倉聖宣氏の『長岡半太郎』によれば、長岡は「熱烈なる愛国者・民族主義者」でもあった。日清戦争の頃はドイツに留学中だったが、日本に宛てた手紙に「日本軍の勝報に接するごとに愉快にたえず修学の妨げとなることなきにあらざる……」と書いた。また、日露戦争の最中には旅順攻略戦をまるで物理学のように「研究」していたという。

長岡は慶応元年（一八六五）、長崎県の大村藩士の長男として生まれた。明治二十年、東京大学物理科を卒業、二十六年「磁気歪《ひずみ》」の研究で認められドイツに留学した。ここで世界最先端の物理学を学んで帰国、明治三十七年（一九〇四）二月、「土星型原子模型」を発表する。

原子は中心にある陽電荷球の周りを土星の輪のように数多くの電子が回っているという仮説だ。電子は陽電荷球の中で自由に動いているという当時西洋で主流だった説を論破するものだった。長岡の仮説はやがて英国の原子物理学者ラザフォードらの実験で確かめられたほか、他の西洋の学者も唱えるようになり、世界的に注目されることになったのだ。

長岡が「土星型」を発表したのは日露戦争が始まった直後で、論文はドイツ語、英語でそれぞれドイツと英国の雑誌に載っている。このため、日露戦争を知らなかったどころか、ロシアと戦うことを決めた日本人の昂揚する気持ちが西洋に対抗する論文を書かせたと言っていいかもしれない。

その後も日本の物理学のトップランナーをつとめる一方、本多光太郎、仁科芳雄、湯川秀樹ら優れた後輩を育てた、昭和二十四年、湯川が日本人初のノーベル賞を受賞したとき、晩年の長岡はわがことのように喜んだ。

明治維新後、政府は西欧列強に対抗するため科学振興にも力を入れた。大学に米欧からいわゆるお雇い外国人を招く一方、優秀な学生や研究者をどしどし西洋諸国に留学させた。その成果を真っ先に実らせたのが「日本の細菌学の父」と言われた北里柴三郎だった。

北里は東京医学校を卒業後、いったん内務省衛生局に勤めるが、明治十九年（一八八六）ドイツに留学、細菌学者として著名だったロベルト・コッホの研究室に入った。そして二十二年には、極めて難しいと言われていた破傷風菌の純粋培養、つまり当該の菌だけを取り出すことに成功、血清療法を開発して細菌学の先進国である西欧の学者をアッと言わせた。

さらに一年後には、同じ方法でジフテリアの免役療法も確立、共同研究者であるエミール・フォン・ベーリングと連名で論文を発表した。北里は間もなく日本に帰国するが、それから十一年後の明治三十四年（一九〇一）にノーベル賞が制定されたとき、初めての生理学・医学賞に選ばれたのはベーリングだった。破傷風菌の純粋培養成功でジフテリア治療の先駆者であったはずの北里もノミネートされていたことが後にわかっており、なぜはずされたのか、いまだに謎とされる。

おそらく日本を医療後進国とする偏見から、北里の発見は「フロック」と見られたのかも知れない。だが北里はそれにめげず、帰国後も研究を進め、赤痢菌を発見した志賀潔や、黄熱病などの研究で有名な野口英世らが活躍する足がかりを築いたのだ。

一方、工部大学校（後の東大工学部）で化学を学んだ下瀬雅允《まさちか》は明治二十年（一八八七）、海軍兵器製造所に入り、火薬の研究を始めた。五年後には「下瀬火薬」を開発、海軍に採用された。下瀬の火薬は乾燥や摩擦に強く、砲弾に暴発をふせぐための物質を詰める必要がなかった。このため炸裂度は強かった。日露戦争で満洲での戦いや日本海海戦で勝利できたのは、この下瀬火薬のおかげだったという見方もある。

明治後期の日本は長岡、北里、下瀬だけでなく世界に通用する多くの科学者を輩出したが、彼らに共通していたのは愚直と言えるほどの生まじめさだった。長岡は弟子たちが少しでも研究を怠るのを許さなかったし、北里は留学して一年余りは、下宿と研究室の間の道しか知らなかったと言われる。

脈々と受け継がれてきた日本人の勤勉な体質が、西欧列強に対抗しなければならない時代に花開いたと言える。

㊵「強い明治」に突然幕が下りる

明治四十五年（一九一二）七月二十日午後、「聖上御不例」との官報号外が街々に配られた。聖上——明治天皇がご病気だというのだ。

号外は天皇が明治三十七年頃から糖尿病を発症され、三十九年には慢性腎臓炎を御併発されたことを驚くほどの率直さで伝え、発表の二日前の七月十八日からは御食事が減少、「御精神少シク恍惚ノ御状態」と意識が薄れつつあられることを告げていた。

天皇の信任が厚かった学習院院長で陸軍大将、乃木希典は生徒たちを引率して静岡県沼津の水練場へきていたが、一報を聞きただちに東京へ引き返した。

その後、新聞は刻々と天皇の症状を伝え、東京では多くの市民が猛暑の中、二重橋前に詰めかけ、ご快癒を祈った。宮城（皇居）の近くを走る濠端線の電車は、その音が天皇の御治療に響いてはと徐行し、毎年恒例の隅田川の川開き（花火大会）も中止となった。

だが国民の祈りもむなしく天皇は七月三十日午前零時四十三分、崩御となり、皇太子（大正天皇）がただちに践祚（皇位を引き継ぐ）されたと発表があった。朝目覚めた国民は、時代が「大正」となったことを知ったのだ。

「発表」としたのは、明治天皇が崩御されたのは実は前日、七月二十九日午後十時四十三分だったことが後に明らかになったからだ。崩御の翌日に践祚では皇位に空白が生じるのではと恐れ、二時間ずらしたのだと言われる。

いずれにせよ四十五年の長きにわたった「明治」という時代は、天皇の崩御とともにいきなり幕を閉じた。国民の多くはそのことを頭では理解したものの、衝撃はあまりに大きかった。とりわけ知識人たちはそうだった。

小説『不如帰』などで知られる作家、徳冨蘆花（健次郎）は当時、都心を離れた粕谷（現東京都世田谷区粕谷）に住んでいた。「御不例」の事態は知っていたが、崩御は三十日午後になって、訪ねてきた学生から初めて聞いた。蘆花は日記風の随筆集『みゝずのたはこと』で「鬱陶《うっとう》しく、物悲しい日」として「明治」への想いを綴っている。

「余は明治という年号は永久につゞくものであるかの様に感じて居た。余は明治元年十月の生れである。……余は明治の齢《よわい》を吾齢と思い馴れ、明治と同年だと誇りもし、恥じもして居た。陛下の崩御は明治史の巻を閉じた。明治が大正となって、余は吾生涯が中断されたかの様に感じた。明治天皇が余の半生を持って往っておしまいになったかのように感じた」

そうした明治天皇と明治時代への哀惜に拍車をかけたのは、乃木夫妻による「殉死」だった。乃木は崩御から一カ月余りが過ぎた九月十三日に行われた大喪の礼の夜、明治天皇の柩を乗せた車が宮城を出たことを知らせる号砲に合わせ腹を切った。夫人の静子もこれに従った。

遺書では、明治十年の西南の役で軍旗を失い、死に場所を探していたが、このたびのことで心を決めたと、恩を受けた明治天皇の後を追う殉死であることを述べていた。

殉死は新聞に大きく報じられた。作家で陸軍の軍医総監として乃木とも親しかった森鷗外は激しい衝撃を受け、わずか数日間で殉死をテーマにした時代小説『興津弥五右衛門の遺書』を書きあげた。

時代を代表するもう一人の作家、夏目漱石も二年後の大正三年に書いた『心』で、殉死を知った「先生」に遺書でこう書かせる。「(軍旗を失いながら)生きてゐた三十五年が苦しいか、また刀を腹へ突き立てた一刹那が苦しいか」と考える。そして「それから二三日して私はとうとう自殺する決心をしたのです」

『心』のモチーフは「先生」が友人を裏切ってしまったという自責の念にかられ、

自殺を選ぶというところにある。しかしこれを読むと、「先生」もまた明治という時代に殉じて自死を選んだかのようにすら思える。

そうした明治を生きた人々の「明治」への思いも「新しい時代」の到来とともに次第に薄れ、変節していく。

明治天皇の崩御からわずか数カ月後、陸軍の師団増設要求を閣議が否決したことがきっかけとなった「大正政変」で、明治期を代表する政治家で軍人だった桂太郎が国民の反発により、就任後二カ月足らずで首相の座を降りたのはその象徴だった。デモクラシーが叫ばれ、時代は「強い明治」から「柔らかな大正」に変わっていく。

だが、明治天皇の御陵が京都と決まったことから、東京でもお参りする場所がほしいという声が上がり、大正九年（一九二〇）十一月、東京・代々木に明治神宮が建立される。全国から一千万円という当時としての大金や十万本もの樹木が寄せられ、述べ十五万人の青年が勤労奉仕したのだという。

そして「強い明治」への思いから、現在の「明治の日」推進運動と同じように明治天皇のお誕生日、明治の天長節の十一月三日を祝日とする国民運動が起きる。国会で正式に「明治節」の設置が決まったのは昭和二年（一九二七）のことだった。

資料

王政復古の大號令

徳川内府、従前御委任大政返上、將軍職辭退之兩條、今般斷然被二聞食一候。抑、癸丑以來、未曾有之國難、先帝頻年被レ惱二宸襟一候御次第、衆庶之所レ知ニ候。依レ之被レ決二叡慮一、王政復古、國威挽回ノ御基、被レ爲レ立候間、自今攝關・幕府等廢絶、卽今先假ニ總裁・議定・參與ノ三職ヲ被レ置、萬機可レ被レ爲レ行、諸事神武創業之始ニ原キ、縉紳・武辯・堂上・地下之無レ別、至當ノ公議ヲ竭シ、天下ト休戚ヲ同ク可レ被レ遊叡念ニ附、各勉勵、舊來驕惰之汚習ヲ洗ヒ、盡忠報國之誠ヲ以テ、可レ致二奉公一候事。

教育ニ關スル勅語

朕惟フニ我カ皇祖皇宗國ヲ肇ムルコト宏遠ニ德ヲ樹ツルコト深厚ナリ我カ臣民克ク忠ニ克ク孝ニ億兆心ヲ一ニシテ世々厥ノ美ヲ濟セルハ此レ我カ國體ノ精華ニシテ教育ノ淵源亦實ニ此ニ存ス爾臣民父母ニ孝ニ兄弟ニ友ニ夫婦相和シ朋友相信シ恭儉己レヲ持シ博愛衆ニ及ホシ學ヲ修メ業ヲ習ヒ以テ智能ヲ啓發シ德器ヲ成就シ進テ公益ヲ廣メ世務ヲ開キ常ニ國憲ヲ重シ國法ニ遵ヒ一旦緩急アレハ義勇公ニ奉シ以テ天壤無窮ノ皇運ヲ扶翼スヘシ是ノ如キハ獨リ朕カ忠良ノ臣民タルノミナラス又以テ爾祖先ノ遺風ヲ顯彰スルニ足ラン

斯ノ道ハ實ニ我カ皇祖皇宗ノ遺訓ニシテ子孫臣民ノ倶ニ遵守スヘキ所之ヲ古今ニ通シテ謬ラス之ヲ中外ニ施シテ悖ラス朕爾臣民ト倶ニ拳々服膺シテ咸其徳ヲ一ニセンコトヲ庶幾フ

明治二十三年十月三十日

御名御璽

大日本帝國憲法

朕祖宗ノ遺烈ヲ承ケ萬世一系ノ帝位ヲ踐ミ朕カ親愛スル所ノ臣民ハ即チ朕カ祖宗ノ恵撫慈養シタマヒシ所ノ臣民ナルヲ念ヒ其ノ康福ヲ増進シ其ノ懿徳良能ヲ發達セシメムコトヲ願ヒ又其ノ翼賛ニ依リ與ニ倶ニ國家ノ進運ヲ扶持セムコトヲ望ミ乃チ明治十四年十月十二日ノ詔命ヲ履踐シ茲ニ大憲ヲ制定シ朕カ率由スル所ヲ示シ朕カ後嗣及臣民及臣民ノ子孫タル者ヲシテ永遠ニ循行スル所ヲ知ラシム

國家統治ノ大權ハ朕カ之ヲ祖宗ニ承ケテ之ヲ子孫ニ傳フル所ナリ朕及朕カ子孫ハ將來此ノ憲法ノ條章ニ循ヒ之ヲ行フコトヲ愆ラサルヘシ

朕ハ我カ臣民ノ權利及財産ノ安全ヲ貴重シ及之ヲ保護シ此ノ憲法及法律ノ範圍内ニ於テ其ノ享有ヲ完全ナラシムヘキコトヲ宣言ス

帝國議會ハ明治二十三年ヲ以テ之ヲ召集シ議會開會ノ時ヲ以テ此ノ憲法ヲシテ有效ナラシムルノ期トスヘシ

將來若此ノ憲法ノ或ル條章ヲ改定スルノ必要ナル時宜ヲ見ルニ至ラハ朕及朕カ繼統ノ子孫ハ發議ノ權ヲ執リ之ヲ議會ニ附シ議會ハ此ノ憲法ニ定メタル要件ニ依リ之ヲ議決スルノ外朕カ子孫及臣民ハ敢テ之カ紛更ヲ試ミルコトヲ得サルヘシ

朕カ在廷ノ大臣ハ朕カ爲ニ此ノ憲法ヲ施行スルノ責ニ任スヘク朕カ現在及將來ノ臣民ハ此ノ憲法ニ對シ永遠ニ從順ノ義務ヲ負フヘシ

御名御璽

明治二十二年二月十一日

内閣總理大臣　伯爵　黒田清隆
樞密院議長　伯爵　伊藤博文
外務大臣　伯爵　大隈重信
海軍大臣　伯爵　西郷從道
農商務大臣　伯爵　井上　馨
司法大臣　伯爵　山田顯義
大藏大臣兼内務大臣　伯爵　松方正義
陸軍大臣　伯爵　大山　巖
文部大臣　子爵　森　有禮
遞信大臣　子爵　榎本武揚

大日本帝國憲法

第一章　天皇

第一條　大日本帝國ハ萬世一系ノ天皇之ヲ統治ス
第二條　皇位ハ皇室典範ノ定ムル所ニ依リ皇男子孫之ヲ繼承ス
第三條　天皇ハ神聖ニシテ侵スヘカラス
第四條　天皇ハ國ノ元首ニシテ統治權ヲ總攬シ此ノ憲法ノ條規ニ依リ之ヲ行フ
第五條　天皇ハ帝國議會ノ協賛ヲ以テ立法權ヲ行フ
第六條　天皇ハ法律ヲ裁可シ其ノ公布及執行ヲ命ス
第七條　天皇ハ帝國議會ヲ召集シ其ノ開會閉會停會及衆議院ノ解散ヲ命ス
第八條　天皇ハ公共ノ安全ヲ保持シ又ハ其ノ災厄ヲ避クル爲緊急ノ必要ニ由リ帝國議會閉會ノ場合ニ於テ法律ニ代ルヘキ敕令ヲ發ス
此ノ敕令ハ次ノ會期ニ於テ帝國議會ニ提出スヘシ若議會ニ於テ承諾セサルトキハ政府ハ將來ニ向テ其ノ效力ヲ失フコトヲ公布スヘシ
第九條　天皇ハ法律ヲ執行スル爲ニ又ハ公共ノ安寧秩序ヲ保持シ及臣民ノ幸福ヲ增進スル爲ニ必要ナル命令ヲ發シ又ハ發セシム但シ命令ヲ以テ法律ヲ變更スルコトヲ得ス
第十條　天皇ハ行政各部ノ官制及文武官ノ俸給ヲ定メ及文武官ヲ任免ス但シ此ノ憲法又ハ他ノ法律ニ特例ヲ掲ケタルモノハ各〻其ノ條項ニ依ル

第十一條　天皇ハ陸海軍ヲ統帥ス
第十二條　天皇ハ陸海軍ノ編制及常備兵額ヲ定ム
第十三條　天皇ハ戰ヲ宣シ和ヲ講シ及諸般ノ條約ヲ締結ス
第十四條　天皇ハ戒嚴ヲ宣告ス
戒嚴ノ要件及効力ハ法律ヲ以テ之ヲ定ム
第十五條　天皇ハ爵位勳章及其ノ他ノ榮典ヲ授與ス
第十六條　天皇ハ大赦特赦減刑及復權ヲ命ス
第十七條　攝政ヲ置クハ皇室典範ノ定ムル所ニ依ル
攝政ハ天皇ノ名ニ於テ大權ヲ行フ

第二章　臣民權利義務

第十八條　日本臣民タル要件ハ法律ノ定ムル所ニ依ル
第十九條　日本臣民ハ法律命令ノ定ムル所ノ資格ニ應シ均ク文武官ニ任セラレ及其ノ他ノ公務ニ就クコトヲ得
第二十條　日本臣民ハ法律ノ定ムル所ニ從ヒ兵役ノ義務ヲ有ス
第二十一條　日本臣民ハ法律ノ定ムル所ニ從ヒ納税ノ義務ヲ有ス
第二十二條　日本臣民ハ法律ノ範圍内ニ於テ居住及移轉ノ自由ヲ有ス
第二十三條　日本臣民ハ法律ニ依ルニ非スシテ逮捕監禁審問處罰ヲ受クルコトナシ

第二十四條　日本臣民ハ法律ニ定メタル裁判官ノ裁判ヲ受クルノ權ヲ奪ハルヽコトナシ
第二十五條　日本臣民ハ法律ニ定メタル場合ヲ除ク外其ノ許諾ナクシテ住所ニ侵入セラレ及捜索セラルヽコトナシ
第二十六條　日本臣民ハ法律ニ定メタル場合ヲ除ク外信書ノ祕密ヲ侵サルヽコトナシ
第二十七條　日本臣民ハ其ノ所有權ヲ侵サルヽコトナシ
公益ノ爲必要ナル處分ハ法律ノ定ムル所ニ依ル
第二十八條　日本臣民ハ安寧秩序ヲ妨ケス及臣民タルノ義務ニ背カサル限ニ於テ信教ノ自由ヲ有ス
第二十九條　日本臣民ハ法律ノ範圍内ニ於テ言論著作印行集會及結社ノ自由ヲ有ス
第三十條　日本臣民ハ相當ノ敬禮ヲ守リ別ニ定ムル所ノ規程ニ從ヒ請願ヲ爲スコトヲ得
第三十一條　本章ニ掲ケタル條規ハ戰時又ハ國家事變ノ場合ニ於テ天皇大權ノ施行ヲ妨クルコトナシ
第三十二條　本章ニ掲ケタル條規ハ陸海軍ノ法令又ハ紀律ニ牴觸セサルモノニ限リ軍人ニ準行ス

第三章　帝國議會

第三十三條　帝國議會ハ貴族院衆議院ノ兩院ヲ以テ成立ス
第三十四條　貴族院ハ貴族院令ノ定ムル所ニ依リ皇族華族及敕任セラレタル議員ヲ以テ組織ス
第三十五條　衆議院ハ選擧法ノ定ムル所ニ依リ公選セラレタル議員ヲ以テ組織ス

第三十六條　何人モ同時ニ兩議院ノ議員タルコトヲ得ス
第三十七條　凡テ法律ハ帝國議會ノ協賛ヲ經ルヲ要ス
第三十八條　兩議院ハ政府ノ提出スル法律案ヲ議決シ及各〻法律案ヲ提出スルコトヲ得
第三十九條　兩議院ノ一ニ於テ否決シタル法律案ハ同會期中ニ於テ再ヒ提出スルコトヲ得ス
第四十條　兩議院ハ法律又ハ其ノ他ノ事件ニ附キ各々其ノ意見ヲ政府ニ建議スルコトヲ得但シ其ノ採納ヲ得サルモノハ同會期中ニ於テ再ヒ建議スルコトヲ得ス
第四十一條　帝國議會ハ毎年之ヲ召集ス
第四十二條　帝國議會ハ三箇月ヲ以テ會期トス必要アル場合ニ於テハ敕命ヲ以テ之ヲ延長スルコトアルヘシ
第四十三條　臨時緊急ノ必要アル場合ニ於テ常會ノ外臨時會ヲ召集スヘシ
臨時會ノ會期ヲ定ムルハ敕命ニ依ル
第四十四條　帝國議會ノ開會閉會會期ノ延長及停會ハ兩院同時ニ之ヲ行フヘシ
衆議院解散ヲ命セラレタルトキハ貴族院ハ同時ニ停會セラルヘシ
第四十五條　衆議院解散ヲ命セラレタルトキハ敕令ヲ以テ新ニ議員ヲ選擧セシメ解散ノ日ヨリ五箇月以内ニ之ヲ召集スヘシ
第四十六條　兩議院ハ各〻其ノ總議員三分ノ一以上出席スルニ非サレハ議事ヲ開キ議決ヲ爲ス事ヲ得ス

第四十七條　兩議院ノ議事ハ過半數ヲ以テ決ス可否同數ナルトキハ議長ノ決スル所ニ依ル
第四十八條　兩議院ノ會議ハ公開ス但シ政府ノ要求又ハ其ノ院ノ決議ニ依リ祕密會ト爲スコトヲ得
第四十九條　兩議院ハ各〻天皇ニ上奏スルコトヲ得
第五十條　兩議院ハ臣民ヨリ呈出スル請願書ヲ受クルコトヲ得
第五十一條　兩議院ハ此ノ憲法及議院法ニ掲クルモノ、外内部ノ整理ニ必要ナル諸規則ヲ定ムルコトヲ得
第五十二條　兩議院ノ議員ハ議院ニ於テ發言シタル意見及表決ニ付院外ニ於テ責ヲ負フコトナシ但シ議員自ラ其ノ言論ヲ演説刊行筆記又ハ其ノ他ノ方法ヲ以テ公布シタルトキハ一般ノ法律ニ依リ處分セラルヘシ
第五十三條　兩議院ノ議員ハ現行犯罪又ハ内亂外患ニ關ル罪ヲ除ク外會期中其ノ院ノ許諾ナクシテ逮捕セラル、コトナシ
第五十四條　國務大臣及政府委員ハ何時タリトモ各議院ニ出席シ及發言スルコトヲ得

第四章　國務大臣及樞密顧問

第五十五條　國務各大臣ハ天皇ヲ輔弼シ其ノ責ニ任ス
凡テ法律勅令其ノ他國務ニ關ル詔勅ハ國務大臣ノ副署ヲ要ス
第五十六條　樞密顧問ハ樞密院官制ノ定ムル所ニ依リ天皇ノ諮詢ニ應ヘ重要ノ國務ヲ審議ス

第五章　司法

第五十七條　司法權ハ天皇ノ名ニ於テ法律ニ依リ裁判所之ヲ行フ
裁判所ノ構成ハ法律ヲ以テ之ヲ定ム
第五十八條　裁判官ハ法律ニ定メタル資格ヲ具フル者ヲ以テ之ニ任ス
裁判官ハ刑法ノ宣告又ハ懲戒ノ處分ニ由ルノ外其ノ職ヲ免セラルヽコトナシ
懲戒ノ條規ハ法律ヲ以テ之ヲ定ム
第五十九條　裁判ノ對審判決ハ之ヲ公開ス但シ安寧秩序又ハ風俗ヲ害スルノ虞アルトキハ法律ニ依リ又ハ裁判所ノ決議ヲ以テ對審ノ公開ヲ停ムルコトヲ得
第六十條　特別裁判所ノ管轄ニ屬スヘキモノハ別ニ法律ヲ以テ之ヲ定ム
第六十一條　行政官廳ノ違法處分ニ由リ權利ヲ傷害セラレタリトスルノ訴訟ニシテ別ニ法律ヲ以テ定メタル行政裁判所ノ裁判ニ屬スヘキモノハ司法裁判所ニ於テ受理スルノ限ニ在ラス

第六章　會計

第六十二條　新ニ租税ヲ課シ及税率ヲ變更スルハ法律ヲ以テ之ヲ定ムヘシ
但シ報償ニ屬スル行政上ノ手數料及其ノ他ノ收納金ハ前項ノ限ニ在ラス
國債ヲ起シ及豫算ニ定メタルモノヲ除ク外國庫ノ負擔トナルヘキ契約ヲ爲スハ帝國議會ノ協贊ヲ經ヘシ
第六十三條　現行ノ租税ハ更ニ法律ヲ以テ之ヲ改メサル限ハ舊ニ依リ之ヲ徴收ス

第六十四條　國家ノ歳出歳入ハ毎年豫算ヲ以テ帝國議會ノ協賛ヲ經ヘシ
豫算ノ款項ニ超過シ又ハ豫算ノ外ニ生シタル支出アルトキハ後日帝國議會ノ承諾ヲ求ムルヲ要ス
第六十五條　豫算ハ前ニ衆議院ニ提出スヘシ
第六十六條　皇室經費ハ現在ノ定額ニ依リ毎年國庫ヨリ之ヲ支出シ將來增額ヲ要スル場合ヲ除ク外帝國議會ノ協賛ヲ要セス
第六十七條　憲法上ノ大權ニ基ツケル既定ノ歳出及法律ノ結果ニ由リ又ハ法律上政府ノ義務ニ屬スル歳出ハ政府ノ同意ナクシテ帝國議會之ヲ廢除シ又ハ削減スルコトヲ得ス
第六十八條　特別ノ須要ニ因リ政府ハ豫メ年限ヲ定メ繼續費トシテ帝國議會ノ協賛ヲ求ムルコトヲ得
第六十九條　避クヘカラサル豫算ノ不足ヲ補フ爲ニ又ハ豫算ノ外ニ生シタル必要ノ費用ニ充ツル爲ニ豫備費ヲ設クヘシ
第七十條　公共ノ安全ヲ保持スル爲緊急ノ需用アル場合ニ於テ內外ノ情形ニ因リ政府ハ帝國議會ヲ召集スルコト能ハサルトキハ敕令ニ依リ財政上必要ノ處分ヲ爲スコトヲ得
前項ノ場合ニ於テハ次ノ會期ニ於テ帝國議會ニ提出シ其ノ承諾ヲ求ムルヲ要ス
第七十一條　帝國議會ニ於イテ豫算ヲ議定セス又ハ豫算成立ニ至ラサルトキハ政府ハ前年度ノ豫算ヲ施行スヘシ

第七十二條　國家ノ歳出歳入ノ決算ハ會計檢查院之ヲ檢査確定シ政府ハ其ノ檢査報告ト倶ニ之ヲ帝國議會ニ提出スヘシ

會計檢查院ノ組織及職權ハ法律ヲ以テ之ヲ定ム

第七章　補則

第七十三條　將來此ノ憲法ノ條項ヲ改正スルノ必要アルトキハ敕命ヲ以テ議案ヲ帝國議會ノ議ニ付スヘシ

此ノ場合ニ於テ兩議院ハ各〻其ノ總員三分ノ二以上出席スルニ非サレハ議事ヲ開クコトヲ得ス出席議員三分ノ二以上ノ多數ヲ得ルニ非サレハ改正ノ議決ヲ爲スコトヲ得ス

第七十四條　皇室典範ノ改正ハ帝國議會ノ議ヲ經ルヲ要セス

皇室典範ヲ以テ此ノ憲法ノ條規ヲ變更スルコトヲ得ス

第七十五條　憲法及皇室典範ハ攝政ヲ置クノ間之ヲ變更スルコトヲ得ス

第七十六條　法律規則命令又ハ何等ノ名稱ヲ用ヰタルニ拘ラス此ノ憲法ニ矛盾セサル現行ノ法令ハ總テ遵由ノ效力ヲ有ス

歳出上政府ノ義務ニ係ル現在ノ契約又ハ命令ハ總テ第六十七條ノ例ニ依ル

主な参考文献

藤岡信勝・自由主義史観研究会「教科書が教えない歴史」1〜4（産経新聞ニュースサービス）
西尾幹二責任編集「地球日本史」3（産経新聞ニュースサービス）
西尾幹二責任編集「新・地球日本史」1（産経新聞ニュースサービス）
司馬遼太郎「坂の上の雲」1〜8（文春文庫）
森谷秀亮「王政復古の大号令について」（駒澤大学文学部研究紀要）
佐々木克「岩倉具視」（吉川弘文館）
大塚桂「明治国家と岩倉具視」（信山社）
宮田昌明「明治天皇の御事跡と近代日本」（「国体文化」平成28年1月号）
佐々木克「戊辰戦争」（中公新書）
松尾正人「廃藩置県」（中公新書）
久米邦武「特命全権大使米欧回覧実記」（岩波書店）
毛利敏彦「明治六年政変」（中公新書）
文部省「学制百二十年史」（ぎょうせい）
加藤陽子「徴兵制と近代日本」（吉川弘文館）
竹内正浩「鉄道と日本軍」（ちくま新書）

内田正男「暦と日本人」（雄山閣）
小川原正道「西南戦争」（中公新書）
坂本多加雄「近代日本精神史」（藤原書店））
和田英「富岡日記」（みすず書房）
榛葉英治「板垣退助―自由民権の夢と敗北」（新潮社）
姜範錫「明治14年の政変」（朝日選書）
瀧井一博「伊藤博文」（中公新書）
伊藤哲夫「明治憲法の真実」（致知出版社）
伊藤博文「憲法義解」（丸善）
坂井雄吉「井上毅と明治国家」（東京大学出版会）
五百旗頭薫「条約改正史」（有斐閣）
伊藤哲夫「教育勅語の真実」（致知出版社）
吉村昭「ニコライ遭難」（新潮文庫）
田岡良一「大津事件の再評価　新版」（有斐閣）
呉善花「韓国併合への道　完全版」（文春新書）
原田敬一「日清・日露戦争」（岩波新書）
皿木喜久「子供たちに伝えたい　日本の戦争」（産経新聞出版）

岡崎久彦「陸奥宗光とその時代」（ＰＨＰ研究所）
陸奥宗光「蹇蹇録」（岩波文庫）
千葉功「桂太郎」（中公新書）
新田次郎「八甲田山死の彷徨」（新潮文庫）
陸上自衛隊第五普通科連隊「陸奥の吹雪」（陸上自衛隊第九師団）
産経新聞取材班「日露戦争―その百年目の真実」（産経新聞社）
岡崎久彦「小村寿太郎とその時代」（ＰＨＰ研究所）
谷寿夫「機密日露戦史」（原書房）
一宮（河原）操子「蒙古土産」（ゆまに書房）
柘植久慶「黒木為楨」（ＰＨＰ文庫）
生出寿「海軍の父　山本権兵衛」（光人社）
西郷従宏「元帥西郷従道伝」（芙蓉書房）
野中至・野中千代子「富士案内　芙蓉日記」（平凡社）
工藤美代子「神々の国　ラフカディオ・ハーンの生涯」（集英社）
ヴェンセスラウ・モラエス「大日本」「日本通信」（集英社「定本モラエス全集」）
板倉聖宣「長岡半太郎」（朝日新聞社）
砂川幸雄「北里柴三郎の生涯」（ＮＴＴ出版）

皿木喜久（さらき　よしひさ）

昭和22年、鹿児島県生まれ。同46年京都大学文学部卒業、産経新聞社入社。大阪本社社会部、東京本社政治部次長、特集部長、論説委員長などを経て平成27年退社。現在産経新聞客員論説委員、新しい歴史教科書をつくる会副会長。
著書に『大正時代を訪ねてみた』『祝祭日の研究』『紅陵に命燃ゆ』『子供たちに伝えたい　日本の戦争』『子供たちに知らせなかった　日本の戦後』『新聞記者司馬遼太郎』（共著）『日露戦争　その百年目の真実』（共著）など。

明治という奇跡
栄光の時代を訪ねて

平成二十八年六月一日　第一刷発行
平成二十八年十一月三日　第三刷発行

著　者　皿木　喜久
発行人　藤本　隆之
発　行　展　転　社

〒157-0061　東京都世田谷区北烏山4-20-10
TEL　〇三（五三一四）九四七〇
FAX　〇三（五三一四）九四八〇
振替〇〇一四〇－六－七九九九二

印刷製本　中央精版印刷

ISBN978-4-88656-426-9